PUERTO RICO

CHILE

PANAMÁ

COLOMBIA

CUBA

REPÚBLICA DOMINICANA

Juliet Menéndez

Traducción de Isabel C. Mendoza

LATINITAS

Una celebración de 40 soñadoras audaces

GODWINBOOKS

Henry Holt and Company · New York

Henry Holt and Company, *Editores desde* 1866
Henry Holt® es una marca registrada de Macmillan Publishing Group, LLC
120 Broadway, Nueva York, Nueva York 10271 • mackids.com

Información de catalogación de publicaciones disponible en la Biblioteca del
Congreso de los Estados Unidos.
ISBN 978-1-250-79610-3

Nuestros libros pueden ser adquiridos al mayoreo con fi nes promocionales, educativos
o de negocios. Por favor, póngase en contacto con la librería más cercana a su domicilio
o con el Departamento de Ventas Prémium y Corporativas de Macmillan al
(800) 221-7945, extensión 5442, o escriba a la dirección electrónica
MacmillanSpecialMarkets@macmillan.com.

Primera edición en español: 2022
Diseño: Liz Dresner
Impreso en China por Toppan Leefung Printing Ltd., Dongguan City, Guangdong Province

1 3 5 7 9 10 8 6 4 2

Las ilustraciones de este libro fueron hechas a mano con acuarelas Old Holland® en papel
Aquarelle de Arches® y luego editadas digitalmente en Photoshop para añadir los textos.
La fuente tipográfica usada en las ilustraciones es Mindset, diseñada por Erica Jung y
Ricardo Marcin, de Pintassilgo Prints, en Brasil.

Para todos mis estudiantes y todas las latinitas,
especialmente mi sobrinita, Lucía.

Índice

Mercedes Sosa 45

Isabel Allende 47

Susana Torre 49

Julia Alvarez 51

Sandra Cisneros 53

Sonia Sotomayor 55

Rigoberta Menchú Tum 57

Mercedes Doretti 59

Sonia Solange Pierre 61

Justa Canaviri 63

Evelyn Miralles 65

Selena Quintanilla 67

Berta Cáceres 69

Serena Auñón 71

Wanda Díaz-Merced 73

Marta Vieira da Silva 75

Alexandria Ocasio-Cortez 77

Lauren Zoe Hernandez 79

Más latinitas

Leona Vicario 80

Petronila Angélica Gómez 80

Hermelinda Urvina 80

Eva Perón 80

Mirabal sisters 81

Sylvia Mendez 81

Sara Gómez 81

Verónica Michelle Bachelet 81

Gloria Estefan 81

Ellen Ochoa 81

Introducción

Las latinas que encontrarán en estas páginas son mujeres que amo, respeto y admiro. ¡Me hubiera encantado descubrirlas en mi infancia! No obstante, he tenido la suerte de pasar días y noches aprendiendo sobre ellas desde el año 2014, y me alegra mucho tener por fin la oportunidad de compartir sus increíbles historias con ustedes.

La idea de hacer este libro nació mientras trabajaba como maestra de arte en el Alto Manhattan. Al igual que yo, la mayoría de mis estudiantes eran biculturales. Sus familias venían de países como la República Dominicana, Puerto Rico y México. Sin embargo, los carteles que veía cuando recorría los pasillos de la escuela mostraban personajes históricos como Einstein, Benjamín Franklin y Dalí. Entonces, me pregunté: "¿Qué pasaría si en estas paredes pusiéramos algunas caras nuevas, más parecidas a las de mis estudiantes?".

Esa idea me llevó a realizar una búsqueda fascinante en la historia de los latinxs. En el proceso, me di cuenta de que faltaba algo muy importante: ¡mujeres! El ver sus contribuciones reducidas a notas de pie de página de libros y artículos históricos despertó a la feminista que llevo dentro; y decidí dedicarles a ellas mi investigación. A medida que profundizaba en mi búsqueda, encontré muchas latinas impactantes y me di cuenta de lo cruciales que han sido las latinas en nuestra historia. Gracias a varios profesores, historiadores, familiares y muchas mujeres que han conservado la información que existe sobre el legado de estas latinas, ¡logré reunir mis hallazgos en este libro!

¿Cómo seleccioné a las mujeres que aquí aparecen? Me puse a pensar en mis estudiantes y en las futuras lectoras. Quería que cada una, sin falta, tuviera la oportunidad de encontrar en estas páginas a alguien que se pareciera a ustedes, que jugara los mismos juegos y tuviera los mismos sueños. Es por ello que las ilustraciones muestran a estas latinas cuando eran niñas. Antes de que estas mujeres comenzaran a dirigir y construir nuestras ciudades, a presidir nuestros tribunales, volar al espacio, sanar a los enfermos y cantar frente a millones de espectadores, todas ellas fueron niñas que daban sus primeros pasos para convertirse en las mujeres que llegaron a ser.

Las latinas que habitan estas páginas son hermosos ejemplos de personas que admiro por su actitud frente a la vida y por la manera en que han apoyado a sus comunidades y han contribuido a la formación de las generaciones futuras. Espero que se sientan inspiradas por las activistas y políticas que han luchado para que vivamos en un mundo en el cual todas seamos tratadas con respeto y dignidad; por las matemáticas y científicas cuyo trabajo revolucionario puede servirles como punto de partida; por las artistas, bailarinas y músicas que nos han ayudado a encontrar maneras de entendernos mutuamente.

Leerán historias que tuvieron lugar en tiempos tan remotos como el siglo XVII y conocerán mujeres de toda América Latina y de Estados Unidos que eligieron carreras muy distintas, desde artistas y cantantes como Frida Kahlo y Selena Quintanilla, hasta congresistas, arqueólogas e ingenieras como Alexandria Ocasio-Cortez, Zelia Nuttall y Evelyn Miralles. Cada relato ofrece apenas un breve vistazo a la vida de estas mujeres maravillosas, así como este libro es apenas un breve vistazo a las latinas que han hecho historia. ¡Hay mucho más que pueden aprender y muchas más latinas por descubrir!

Por ahora, espero que disfruten viendo las maneras en que las mujeres en el pasado y en el presente han ayudado a preparar el terreno para que ustedes, lectoras y lectores, persigan sus propios sueños. Compartiendo sus historias y celebrando sus nombres, podrán ayudar a mantener vivos sus descubrimientos, palabras e ideas. ¡Que vivan las latinitas!

LATINITAS

Una celebración de 40 soñadoras audaces

SOR JUANA INÉS DE LA CRUZ

FILÓSOFA ESCRITORA

Sor Juana Inés de la Cruz

12 de noviembre de 1651—17 de abril de 1695

Desde que era una niña en México, escondida entre los maizales para leer los libros prohibidos de la biblioteca de su abuelo, Juana Inés soñaba con estudiar en la universidad. Cuando a los siete años descubrió que la universidad era solo para hombres, rogó a su madre que le cortara las trenzas y le pusiera ropa de niño para que pudiera asistir. Pero su madre no se atrevió a hacerlo. "A las niñas no se les permite estudiar", le advirtió.

"Aprenderé sola", dijo Juana Inés; y estudió de todo, desde cómo escribir poesía y prosa hasta ciencias y el idioma azteca, náhuatl. A los ocho años, ganó un concurso de escritura y vio su primer guion de teatro actuado en el escenario. Además, ¡le regalaron un libro!

Cuando Juana Inés tenía dieciséis años, los rumores sobre su mente brillante llegaron a oídos del virrey, quien se negaba a creer que una mujer pudiese ser tan inteligente. "¡Ya verá!", pensó el virrey, e invitó a todos los académicos respetados de México a poner a prueba sus conocimientos. ¡Juana Inés no falló ni una pregunta! Impresionó tanto al virrey que la hizo parte de su corte real. Allí tuvo muchos pretendientes, pero lo único que quería era escribir. "¿Dónde puedo trabajar en paz?", se preguntó, y se le ocurrió el lugar perfecto: ¡un convento!

En el silencio de su celda de monja, Juana Inés escribió poesía y obras teatrales a la luz de una vela. Con sus dedos manchados de tinta llenó páginas y páginas con agudas críticas hacia hombres poderosos y las enseñanzas de la iglesia que intentaba marginalizar a las mujeres. Envió sus manuscritos a España, donde fueron publicados y, con sus compañeras monjas, convirtió el convento en un teatro. Logró difundir sus mensajes feministas de manera ingeniosa, presentándolos en divertidas comedias para la corte real y los sabios de la época. En poco tiempo, sus ideas encendieron debates que viajarían más allá de los muros del convento. Casi cuatro siglos después, leemos y debatimos esas mismas ideas, que aún inspiran cambios.

Juana Azurduy de Padilla

Cuando Juana tenía siete años, su madre murió y ella tuvo que abandonar su escuela de la ciudad para mudarse a la hacienda de su padre. Bajo el sol del sur de Bolivia, Juana trabajó en el campo junto a indígenas aimara y quechua, donde se hizo amiga de ellos y aprendió sus idiomas. En su tiempo libre, su padre le enseñaba a montar caballo y a disparar. A su padre no se le ocurrió enseñarle a cocinar o coser, que era lo que aprendían muchas niñas de la época.

Cuando Juana era adolescente, su padre murió y sus tíos la enviaron a un convento para que se hiciera monja. Pero esa no era la vida que Juana deseaba y una noche, logró escapar. Cuando regresó a la hacienda, todo había cambiado. Sus amigos campesinos ahora trabajaban en las minas de plata de los españoles. Le contaron historias horribles sobre las golpizas que les daban y las interminables jornadas obligatorias de trabajo. Juana decidió ayudarlos.

Su amigo de la infancia se había unido al ejército revolucionario del norte, y ella decidió enlistarse. Se casaron y fueron juntos al campo de batalla para luchar contra el gobierno español. Juana era tan apasionada por la causa que se convirtió en la voz de la revolución. Con la ayuda de sus amigos aimaras y quechuas, ¡reclutó a más de diez mil soldados! En poco tiempo, ella misma comandaba las batallas. Era tan buena estratega que su tropa ¡derrotó a los españoles con apenas unas pocas armas robadas, resorteras y lanzas de madera! Un general muy famoso quedó tan impresionado que la condecoró regalándole su propia espada.

Juana comandó varias batallas durante la Guerra de Independencia, venciendo al ejército español una y otra vez. Luchó incluso estando embarazada y después de dar a luz ¡regresó de inmediato al campo de batalla! Todos sus incansables esfuerzos dieron fruto: Bolivia ganó la guerra y ahora se celebra el cumpleaños de Juana con desfiles y tributos por su valiente contribución a la libertad.

POLICARPA
SALAVARRIETA

ESPÍA

Policarpa Salavarrieta

26 de enero de 1795—14 de noviembre de 1817

Policarpa era buena prestando atención. Cuando sus padres murieron, se quedó con su madrina y se esforzó mucho en aprender todo lo que podía para ayudarla. Un día, mientras cosía, escuchó una conversación entre sus hermanos: "No se reconocerá nuestra dignidad hasta que Colombia sea libre. ¡Tenemos que rebelarnos contra España!".

"¡Yo también quiero ser una rebelde!", anunció Policarpa. Pero era el siglo XIX, y sus hermanos le explicaron que solo a los hombres se les permitía ingresar al ejército. Una noche, acostada en su cama, se le ocurrió una idea: ¡si no la dejaban ser un soldado, entonces trabajaría como espía!

Policarpa buscó trabajo como modista en casas de personas partidarias al gobierno español. Mientras cosía en un rincón, escondida entre pantalones y camisas, tomaba nota de todo lo que oía. Antes de que los partidarios lanzaran sus ataques, Policarpa les hacía llegar mensajes de advertencia a los rebeldes para que prepararan su defensa. Además, creó un sistema para enviarles provisiones y reclutas. Colaboró en todo lo que pudo.

Una noche, atraparon a dos soldados que portaban mensajes de Policarpa. Los partidarios del gobierno español la capturaron y la sentenciaron a muerte. Pero, le ofrecieron una alternativa: si confesaba ante un sacerdote, la perdonarían. Ella se negó. Lo que hizo, en cambio, fue dar un discurso que todavía inspira a los colombianos: "Ved que, aunque mujer y joven, me sobra valor para sufrir la muerte y mil muertes más [. . .] por defender los derechos de mi patria. ¡No olvidéis este ejemplo!".

ROSA PEÑA DE GONZÁLEZ

FUNDADORA DE ESCUELAS

Rosa Peña de González

31 de agosto de 1843—8 de noviembre de 1899

Rosa era muy pequeña cuando murió su madre. Su única familia era su padre, y ella lo quería mucho. "De grande, quiero ser como tú", le decía. Cuando su padre fue encarcelado por rebelarse contra los gobernantes injustos de Paraguay, fue Rosa quien lo visitó. A escondidas, le llevaba libros de leyes para que él, al salir, pudiera seguir defendiendo a su pueblo.

Entonces, estalló en Paraguay la Guerra de la Triple Alianza, y a Rosa la enviaron a Argentina. Como su padre, Rosa leía todo lo que podía y era muy aplicada en su nueva escuela. Un día, le llegaron noticias de que todos los bellos pueblos y ciudades de Paraguay habían sido arrasados por el fuego. Rosa decidió que era el momento de regresar a su patria.

Ya en suelo paraguayo, al pasar por los marcadores de los hombres caídos en la guerra, Rosa sintió temor. Sin embargo, tenía claro que a las mujeres les correspondía la tarea de reconstruir el país. Ella ya sabía por dónde comenzar. "Lo primero que necesitamos es una escuela", dijo. Y con sus escasos ahorros construyó una escuela para niñas. Convocó a las hermanas Adela y Celsa Speratti para que la ayudaran. Las tres trabajaron juntas para construir la nueva democracia, diseñando un currículo fresco y nuevo que sirviera para alentar a todos los niños a ser librepensadores.

Rosa recorrió su país, pueblo por pueblo, para obtener el apoyo de cada comunidad. ¡En poco tiempo, construyó veinticuatro escuelas! A Paraguay le tomó muchos años recuperarse de aquella guerra, pero en el proceso, gracias a la labor incansable de Rosa, todos los estudiantes se prepararon para convertirse en los nuevos líderes que se necesitaban. Hoy en día, Rosa es recordada como la madre de la educación en Paraguay.

TERESA CARREÑO

COMPOSITORA
DIRECTORA DE ORQUESTA

Teresa Carreño

22 de diciembre de 1853—12 de junio de 1917

esde que era una bebé y tarareaba óperas italianas antes de hablar, Teresa fue capaz de crear sus propias pequeñas variaciones melódicas. Cuando empezó a componer piezas para piano, a los cuatro años de edad, comenzaron a llamarla "la segunda Mozart". "¡No! ¡Soy la primera Teresita!", decía ella con firmeza.

A los ocho años de edad, tras mudarse con su familia de Caracas, Venezuela, a la ciudad de Nueva York, Teresa dio un concierto privado en la sala del departamento donde vivían en la Segunda Avenida. Tocó de manera hermosa; pero fue cuando anunció "¡Ahora voy a inventar una ópera!", y la improvisó de inmediato, que se ganó la admiración de los presentes. El invitado de honor, el famoso pianista Louis Gottschalk, exclamó: "¡Teresa es una genia!". Y se encargó él mismo de organizarle un concierto público.

El increíble talento de Teresa llegó así a oídos de Abraham Lincoln, ¡quien la invitó a tocar en la Casa Blanca! Teresa compuso variaciones de "Escucha al sinsonte", la canción favorita del Presidente. Para sorpresa de todos, lo conmovió hasta las lágrimas.

Su estilo único y sus bellas composiciones deleitaron a multitudes, desde Sudáfrica hasta Australia y Berlín. Las orquestas de las principales ciudades europeas la invitaron a tocar con ellas. De mayor, se dedicó a enseñar y ayudó a muchos de los pianistas más prometedores del mundo a dar lo mejor de sí. Teresa compuso en total setenta y cinco piezas para piano, voz y orquesta a lo largo de su vida. Fue uno de los músicos más talentosos, famosos e inspiradores de su tiempo.

ZELIA
NUTTALL

ARQUEÓLOGA

Zelia Nuttall

6 de septiembre de 1857—12 de abril de 1933

Zelia se enamoró del antiguo México al cumplir siete años, cuando su madre le dio un regalo muy especial: la edición ilustrada a mano de *Antigüedades de México*. No se parecía a ninguno de los libros que tenían en la biblioteca de su casa, en San Francisco. Esa pequeña ventana al país de su madre, llena de ilustraciones fascinantes de dioses y diosas adornados con coloridos tocados, llenaron la imaginación de Zelia de preguntas sobre aquellos seres fantásticos y la vida de la gente que creía en ellos. "Salgamos a jugar", le decían sus hermanos y hermanas; pero Zelia no podía despegar sus ojos de aquel nuevo tesoro.

Durante años, Zelia visitó cuanta biblioteca polvorienta encontró. A los veinte años, había descubierto tantas cosas sobre el antiguo México, ¡que sus hallazgos fueron publicados! Curadores de varios museos, impresionados con su trabajo, la invitaron a viajar por todo el mundo para recolectar artefactos para sus exposiciones.

En uno de sus viajes, mientras excavaba unas ruinas en la isla de Sacrificios, en México, un reconocido arqueólogo, que contrabandeaba reliquias, trató de robarle su trabajo. ¡Pero Zelia no le permitió salirse con la suya! Escribió en la revista de arqueología más famosa un artículo de cuarenta y dos páginas en el cual desveló el fraude de su colega y reveló sus propios hallazgos extraordinarios. A la fecha, ¡ese artículo todavía se considera uno de los trabajos más valiosos jamás escritos sobre las civilizaciones antiguas de México!

Zelia sacó a la luz asombrosos sistemas políticos, ideas filosóficas y descubrimientos científicos que existían en América Latina antes de la llegada de los colonizadores. Además, a través de su trabajo con comunidades indígenas, inspiró a toda una nueva generación de arqueólogos a proteger su herencia cultural y a desvelar misterios de miles de años de antigüedad.

ANTONIA NAVARRO

INGENIERA
TOPOGRÁFICA

Antonia Navarro

10 de agosto de 1870—22 de diciembre de 1891

Desde muy niña, en su país natal, El Salvador, Antonia comenzó a cuestionar lo que escuchaba. Cuando los maestros de sus hermanos le dijeron: "Las niñas no son lo suficientemente inteligentes para las matemáticas", Antonia no les hizo caso y decidió estudiarlas de todos modos. El ejemplo de su madre soltera, que los crio sola a ella y a sus hermanos, le enseñó a Antonia a creer en sí misma.

Aprendió por su cuenta álgebra, dibujo técnico y trigonometría. Tomó caminatas entre las nubes, para estudiar los cráteres de volcanes y su altura sobre el nivel del mar. Después, en 1887, a pesar de que solo a los hombres se les permitía asistir a la universidad, Antonia se abrió camino hasta ingresar en la escuela de ingeniería de la Universidad de El Salvador. Fue allí donde se le despertó la fascinación por la luna.

En la noche, desde su cama, hacía diagramas de las fases de la luna. Lo que más deseaba ver era la luna de la cosecha, sobre la cual había aprendido en clase. Pero nunca llegó a verla. "¿Será que esta luna no se puede ver desde todas partes?", se preguntaba mientras calculaba cuidadosamente cada ángulo. Prueba tras prueba se hizo más y más claro: existían varios hechos que los astrónomos europeos no habían explorado. Un día, les anunció a sus profesores: "¡No hay luna de la cosecha en El Salvador ni en muchos otros países alrededor del mundo!".

"Y esta señorita, ¿quién se cree que es?", dijeron sus profesores. Sin embargo, cuando vieron los cálculos y dibujos detallados de su tesis de grado, todos estuvieron de acuerdo: Antonia había hecho historia. Las pruebas que había hallado se publicaron en el periódico, ¡y ella se convirtió en la primera mujer en toda América Central en graduarse de la universidad! La noticia de su descubrimiento viajó por todo el mundo, recordándoles a los matemáticos y científicos la importancia de poner en duda las suposiciones cuando nueva información sale a la luz.

MATILDE HIDALGO

SUFRAGISTA
MÉDICA
CONCEJALA

✦ Matilde Hidalgo ✦

Cuando las monjas trataron de humillar a Matilde en la plaza del pueblo diciendo: "¡Lo que esta niña quiere está mal!", Matilde se mantuvo firme. Cuando las madres la vieron pasar frente a sus casas y ordenaron a sus hijos que entraran, Matilde mantuvo la cabeza en alto. Y cuando los niños de su escuela trataron de menospreciarla, Matilde no se dejó.

Todo comenzó el día en que Matilde anunció: "¡Cuando sea grande, quiero ser médica!". De pequeña trabajaba con monjas en un hospital y le encantó aprender a ayudar a la gente. Soñaba con abrir una clínica donde los pacientes ricos y pobres fueran tratados por igual. Sin embargo, era 1907 y ella era una niña, así que tuvo que librar una batalla solamente para que la dejaran entrar a la universidad.

Como era la única mujer que estudiaba medicina, al comienzo del año escolar se sentaba a almorzar sola. Aprovechaba ese tiempo para estudiar y escribir poesía, redactando respuestas inteligentes para los muchachos que se burlaban de ella en clase. Muy pronto, comenzó a sacar buenas calificaciones y puso a aquellos chicos en su lugar. Terminó haciendo muchos amigos y ganó el respeto que merecía. ¡Se convirtió en la primera mujer en graduarse de una facultad de medicina en Ecuador!

Un día, logró abrir su propia clínica y les salvó la vida a innumerables familias que no tenían con qué pagar. Matilde siguió luchando contra la injusticia y la inequidad dondequiera que la veía. No solo se convirtió en la primera mujer que votó en toda América Latina, sino que se ganó la confianza de los mismos vecinos que la habían rechazado de niña. ¡Más tarde se convirtió en la primera concejala elegida de Ecuador! Desde entonces, gracias a la valentía de Matilde, las mujeres a lo largo y ancho de América Latina comenzaron a ver las muchas posibilidades que les podría brindar el futuro.

GABRIELA MISTRAL
EDUCADORA ESCRITORA

: Gabriela Mistral :

El padre de Gabriela abandonó a su familia cuando ella era muy pequeña. Pero antes de irse, hizo un jardín, escondido entre la Cordillera de los Andes chilena y un olivar. Allí creció Gabriela, rodeada de pájaros y flores. Mientras su madre trabajaba durante largas jornadas y su hermana enseñaba en una escuela, Gabriela se pasaba los días corriendo entre las raíces de las higueras y jugando bajo las flores de los almendros. Gabriela amaba tanto ese pequeño rincón del mundo que trató de poner su afecto en palabras. Sus primeros poemas hablaban del ritmo del viento y el canto de los pájaros.

Gabriela creció e hizo muchas cosas maravillosas. Se convirtió en una maestra famosa que viajaba por escuelas de América Latina y Estados Unidos. Como periodista, defendió la igualdad y los derechos de la mujer. Más tarde, fue nombrada cónsul y representó a Chile en varios lugares del mundo. Dondequiera que iba, de México a Italia, Grecia, Francia y Estados Unidos, escribía todo el tiempo. Y en todos esos lugares, miraba por la ventana, hacia el cielo, y se imaginaba que estaba de vuelta en casa. Ni siquiera en los momentos más difíciles de su vida dejó de escribir sobre su amor por aquel valle de su infancia. A través de sus libros, dejó pequeños trozos de ese lugar en el corazón de lectores de todo el mundo.

Por su obra, Gabriela ganó el Premio Nobel de Literatura en 1945. ¡Fue la primera persona de América Latina y tan solo la quinta mujer en el mundo en lograr ese honor! "Este premio pertenece a mi patria", dijo Gabriela cuando lo aceptó en nombre de Chile. Y al morir, le dejó todo el dinero que ganó con sus libros y premios a los niños de su amado valle.

JUANA
DE IBARBOUROU

ESCRITORA

Juana de Ibarbourou

8 de marzo de 1892—15 de julio de 1979

Una mañana, cuando Juana bajó a desayunar, su mamá le dijo:

—¡Hija, vuelve a poner esa sábana en tu cama!

—Pero, mami, si me quito mi capa púrpura, ¿cómo va a reconocerme el príncipe?

Su madre se rio y se rio.

—No le veo el chiste —dijo Juana. Y mientras se comía sus tostadas y se tomaba su café con leche, comenzó a preguntarse: "¿Será posible que mami no entienda?".

No fue sino hasta que su madre miró la mancha de pintura en espiral sobre la pared y dijo que no veía ningunos monos saltando entre los árboles de la selva, y que tampoco sabía nada de los gnomos que venían por la noche a ayudar a hornear el panecito del desayuno, que Juana entendió lo que sucedía: eran secretos.

Juana mantuvo su magia encerrada, como las orugas y mariquitas que atrapaba y guardaba en frascos, hasta que, a los catorce años de edad, encontró la manera perfecta de liberarla. En su primer soneto, acerca de una ovejita que la visitó en sus sueños, comenzó a reunir las palabras y las imágenes que había estado guardando como tesoros. Escribía todos los días. ¡Cuando cumplió diecisiete años, ya tenía suficientes poemas para llenar un libro!

La Primera Guerra Mundial tenía a todo el mundo consternado, así que el libro de Juana les ofreció a los uruguayos un escape perfecto. "Iremos por los campos, de la mano", decía Juana en uno de sus poemas. Y sus lectores la siguieron, recorriendo los recuerdos de tiempos más tranquilos cuando la hierba y las higueras perfumaban el aire, los magos traían remedios y las campanas de las iglesias marcaban las horas. ¡La gente de América Latina quiso tanto a Juana y su obra, que le dieron el nombre de Juana de América!

BIBLIOTECARIA E ESCRITORA

: Pura Belpré :

2 de febrero de 1903—1 de julio de 1982

Desde que era niña, en Puerto Rico, a Pura le encantaba escuchar las viejas historias que contaba su abuela con el cafecito de la tarde. En poco tiempo, se las aprendió de memoria, incluyendo las graciosas voces de todos los personajes. Durante el recreo, bajo la sombra de un árbol de tamarindo, intentaba contárselas a sus amigas, haciéndolas reír a carcajadas.

Años más tarde, cuando viajó a Nueva York para asistir a la boda de su hermana, de casualidad vio que la biblioteca pública estaba buscando a una bibliotecaria bilingüe. ¡Era el trabajo perfecto! Abandonó sus planes de convertirse en maestra en Puerto Rico y se lanzó a la oportunidad de compartir historias con los inmigrantes hispanohablantes recién llegados. "¡Es mi destino!", pensó.

El primer día, corrió a la sección de folclore a buscar sus cuentos favoritos para leérselos a los niños. ¡Pero no encontró ni un solo cuento de Puerto Rico! "¡Dios mío! ¿Cómo puede ser posible?", pensó. Así que decidió escribirlos ella misma. El primero hablaba de una linda cucarachita, llamada Martina, que se enamoró de un elegante ratón de apellido Pérez. A los demás bibliotecarios les gustó tanto, que le pidieron que lo presentara antes de que fuera publicado. Con títeres hechos a mano, Pura le dio vida a Martina y a Pérez, ofreciéndoles el sabor de Puerto Rico a los niños de toda la ciudad.

Tuvo tanto éxito que se le ocurrió la gran idea de invitar a escritores de diferentes lugares de América Latina para que compartieran sus cuentos y poemas en la biblioteca. En poco tiempo, la biblioteca se convirtió en el lugar de encuentro de lectores y autores hispanohablantes. Hasta se llegó a celebrar allí el Día de los Reyes Magos, ¡con baile, música y todo! Gracias a Pura y a los muchos bibliotecarios que llegó a inspirar, los inmigrantes sienten que la Biblioteca Pública de Nueva York y las bibliotecas de todo el país son como su segundo hogar.

GUMERCINDA PÁEZ

DRAMATURGA

DIPUTADA

: Gumercinda Páez .

13 de enero de 1904—1991

Gumercinda creció en un barrio donde todos trabajaban duro de día y de noche. Aún así, los panameños adinerados los trataban con desprecio por ser pobres. "Si tan solo supieran lo difícil que es…", pensaba la pequeña Gumercinda, y a los diez años de edad se le ocurrió una idea: "¡Ya sé! ¡Escribiré obras de teatro sobre nuerstras vidas!". Convenció a sus vecinos y amigos que actuaran y puso en escena sus obras, una tras otra.

Sin embargo, sus obras solo se veían en su vecindario. "¿Cómo puedo hacer que lleguen al resto del país?", se preguntaba. Cuando creció, se convirtió en maestra y se le ocurrió un plan: ¡convertir sus obras de teatro en radionovelas, con sus estudiantes como actores!

Los panameños comenzaron a escuchar historias de padres obligados a dejar a sus familias para buscar empleo, niños forzados a trabajar en lugar de ir a clases, madres solteras que hacían sacrificios increíbles y abuelas trabajando hasta avanzadas edades. Las clases altas vieron cómo era la vida de la mayoría, y la comunidad de Gumercinda tuvo la oportunidad de sentirse comprendida. En pocos años, ¡Gumercinda escribió treinta y cuatro radionovelas!

Gumercinda decidió postularse como diputada y no solo se convirtió en la primera mujer negra en ser elegida en su país, sino que también llegó a ser vicepresidenta de la Asamblea Constitucional. Después del golpe de estado de 1941, ayudó a escribir la nueva constitución de Panamá, y los problemas que contaban sus radionovelas se convirtieron en los pilares de su trabajo político. Luchó con éxito por el salario igualitario para la mujer, el cuidado infantil pagado por el estado, la licencia de maternidad pagada y el reconocimiento de los derechos de los afrolatinos. ¡Pero eso no fue todo! Gumercinda viajó por toda América Latina en defensa de los derechos humanos. Hoy existe un premio con su nombre que se les otorga a las mujeres que continúan con su increíble legado.

FRIDA
KAHLO

ARTISTA

Frida Kahlo

6 de julio de 1907—13 de julio de 1954

Cuando tenía seis años, Frida se enfermó de polio y tuvo que pasar meses en cama, sin nada qué hacer. En esas largas horas, se imaginaba cómo sería poder saltar por la ventana y explorar la ciudad que veía afuera. Un día, dibujó una pequeña puerta en el vidrio y, como por arte de magia, ¡creó todo un mundo para ella sola! Le encantaba tanto su mundo imaginario lleno de animales salvajes y flores hermosas, que, aun después de mejorarse, buscaba momentos de quietud para volver a atravesar aquella puertita.

A los dieciocho años de edad, Frida sufrió un terrible accidente de autobús regresando de la escuela. De nuevo, tuvo que quedarse en cama. Pero esta vez, en lugar de visitar aquel mundo de su imaginación sola, decidió pintarlo para que otros pudieran visitarlo también. En un caballete especialmente diseñado para su cama, pintó coloridos autorretratos llenos de flora, fauna, magia y fantasmas. Cuando se recuperó, llevó todos sus cuadros al famoso pintor Diego Rivera. Cuando le preguntó si le parecían buenos, él respondió: "¡Son mejores que los míos!".

Ella no se imaginaba que, años después, ¡ella y Diego se casarían! Viajaron juntos por todo el mundo y, dondequiera que iban, la gente quedaba fascinada con Frida y el mundo fantástico de sus pinturas. Su obra se expuso en San Francisco, Boston y Nueva York, ¡y llegó a ser parte de la colección del Museo del Louvre, en París!

A Frida le encantaba viajar, pero lo que más deseaba era regresar a México para mostrar su trabajo. Pasaron muchos años antes de que ese sueño se hiciera realidad. Para entonces, Frida estaba muy enferma y tuvo que quedarse en cama por orden del médico. Pero ella no quería perderse su exposición, así que se puso su mejor vestido y decidió ir, ¡con cama y todo! Bamboleándose sobre los hombros de sus amigos y parientes, Frida miró con orgullo sus doscientos cuadros colgados en las paredes.

JULIA DE BURGOS

POETA

Julia de Burgos

17 de febrero de 1914—6 de julio de 1943

Fue con su papá, cabalgando por los bosques de Puerto Rico; canturreando versos de poetas famosos, que Julia descubrió el ritmo y la rima de las palabras. Muy pronto, Julia comenzó a pensar y hablar como una poeta. Agarraba matojos, les hacía trenzas y decía: "Le estoy rizando la cabellera al campo". A Julia le gustaban tanto las palabras que su juego favorito era escribir versos con su hermanita Consuelo.

Julia era la mayor de trece hermanos y, a pesar de que su familia era muy pobre, pudo ir a la universidad gracias a una beca. Allí aprendió que las palabras eran mucho más que hermosas: también podían abrir la mente a ideas como la independencia, la igualdad y los derechos humanos.

Julia se hizo maestra y estaba orgullosa de compartir sus ideales con los niños de Puerto Rico. Pero su corazón de poeta también se hizo sentir. Un día, mientras observaba un flamboyán del patio de recreo, se sintió tan inspirada que salió corriendo de la clase y pidió: "Consuelo, ¿podrías reemplazarme, por favor?". Se sentó bajo el árbol, el sol vino y se fue, pero ella siguió escribiendo hasta su último verso. Desde ahí veía el río de su infancia correr en la distancia, y lo usó como un símbolo para entretejer su propia historia con la de su país. Cuando Julia por fin se levantó y le mostró a su hermana el poema, "Río Grande de Loíza", las dos reconocieron de inmediato que era una obra maestra.

Con renovada seguridad, Julia comenzó a escribir día y noche. Cuando reunió suficientes poemas para llenar un libro, comenzó a hacer recitales y a dar discursos feministas en los que apoyaba la independencia de Puerto Rico. Los aplausos del público la alentaron a viajar a Cuba y luego a Nueva York. ¡Inspiraba a mucha gente dondequiera que iba! La querían tanto que, cuando murió, sus seguidores en Estados Unidos y Puerto Rico hicieron murales adornando escuelas y calles con hermosos tributos a su obra y a su vida.

CHAVELA VARGAS

CANTANTE

: Chavela Vargas :

17 de abril de 1919—5 de agosto de 2012

Desde que Chavela era pequeña, la gente decía que no caminaba ni hablaba ni cantaba como una niña. Ella se esforzaba para encajar, pero en su pequeño pueblo de Costa Rica no aceptaban que fuera ni siquiera un poquito diferente al resto de las niñas de su edad. El sacerdote no la dejaba entrar a la iglesia los domingos; sus padres no la dejaban salir de su cuarto cuando tenían visita; y en la escuela, cuando ella les pedía a otras niñas que la dejaran jugar, decían "¡Así no!".

El único momento en que Chavela se sentía comprendida era cuando se acurrucaba junto al tocadiscos para escuchar rancheras mexicanas. "¡Un día saldré de aquí y cantaré como ellos!", pensaba Chavela. Se aprendió la letra de todas las canciones y las cantaba dondequiera que fuera.

Cuando cumplió dieciséis años, tomó un autobús que la llevó a México. Se puso un vestido y tacones altos, y se maquilló como las cantantes que había visto. Pero la noche de su primera presentación, ¡se cayó frente al público! "¡Ya basta!", exclamó Chavela. Se deshizo de los tacones y se puso un poncho y unos pantalones, y a partir de entonces, sin importar lo que dijeran los demás, se negó a ser alguien diferente a sí misma. Al comienzo fue difícil, pero poco a poco comenzaron a llamarla para hacer presentaciones. ¡Y fueron precisamente su voz, profunda y tosca, y su estilo único lo que la hicieron sobresalir!

Chavela grabó ochenta discos y realizó muchas giras, presentándose en lugares como Carnegie Hall, en Nueva York, Luna Park, en Buenos Aires, y el Olympia de París. ¡Dio su último concierto a los noventa y dos años de edad! Antes de morir, dijo: "Me voy con México en el corazón". En su funeral, los mexicanos llenaron las calles y llegó gente de todo el mundo a despedirla y a demostrarle que ella también estaba en sus corazones.

ALICIA ALONSO

BAILARINA

Alicia Alonso

21 de diciembre de 1920—17 de octubre de 2019

"¡Pon atención! ¡Siéntate ahí quieta!", le decían las monjas de la escuela católica a la que asistió. Pero a Alicia le encantaba estar de pie, lejos de su asiento. Siempre estaba bailando. Cuando el famoso bailarín ruso Nikolai Yavorsky llegó a Cuba para abrir la primera escuela de ballet de la isla, Alicia corrió a matricularse. Y cuando le dieron sus primeras zapatillas de ballet, las amó tanto que todas las noches durmió con ellas debajo de su almohada.

Alicia se convirtió rápidamente en una de las mejores estudiantes de Yavorsky, y en su clase conoció a Fernando, su primer amor. A los quince años de edad, se escaparon juntos a la ciudad de Nueva York, en busca de su sueño de convertirse en bailarines mundialmente famosos.

Sin embargo, cuando su carrera comenzaba a despegar, Alicia empezó a perder la vista. Tuvo que operarse y, durante su larga recuperación de meses en cama, le pedía a Fernando que le dibujara en la palma de la mano los pasos de *Giselle*, el espectáculo que estaban por presentar. En poco tiempo, se aprendió de memoria todos los pasos. E incluso después de enterarse de que la cirugía no le había restaurado la visión, decidió que iba a seguir bailando. Cuando la *prima ballerina* de su compañía se enfermó, Alicia vio su oportunidad. Dijo, "¡Yo lo puedo hacer!", y a pesar de que no veía, lo bailó de maravilla. ¡Fue la mejor Giselle que jamás se había visto! "*Bravissima!*", gritó el público.

Alicia regresó a su país y fundó el Ballet Nacional de Cuba, que se convirtió rápidamente en una de las mejores escuelas de ballet del mundo. ¡Alicia siguió dando clases hasta los noventa y ocho años de edad! Cuando murió, sus estudiantes llegaron de todas partes de Cuba para honrarla y agradecerle por todo lo que les dio antes de partir.

VICTORIA
SANTA CRUZ

POETA
FILÓSOFA
DIRECTORA
COMPOSITORA
COREÓGRAFA

Victoria Santa Cruz

27 de octubre de 1922—30 de agosto de 2014

En la casa de Victoria, en Lima, Perú, la hora de la cena era una fiesta. Su madre cantaba y bailaba zamacueca africana mientras cocinaba. Victoria y sus hermanos golpeaban sus cucharas y platos al ritmo de las canciones. Y después del postre, recitaban poemas y escuchaban música clásica mientras jugaban a adivinar quiénes eran los compositores. Victoria se sentía orgullosa de su familia y de quien era.

Un día llegó a su escuela una niña nueva. Venía de Estados Unidos y tenía el cabello rubio y los ojos azules. En el recreo, Victoria y sus amigas querían jugar con ella. Pero la niña nueva le hizo el feo a Victoria: "Si esa negrita juega, yo me voy". Para sorpresa de Victoria, sus propias amigas le dijeron que ya no podía jugar con ellas. Victoria comenzó a preguntarse si había algo malo en ser negra. Durante años, se alisó el cabello y se puso polvo en la piel para que se le viera más clara.

Al crecer, fue descubriendo a artistas, bailarines y compositores negros valientes y bellos, y volvió a sentir el mismo orgullo que sentía de niña. Ella y su hermano abrieron un teatro presentando músicos, bailarines y actores negros. Victoria componía la música, hacía la coreografía de los bailes y hasta cosía los trajes. Cada noche asistía más público y los aplausos sonaban más fuertes. Y cada noche, Victoria se paraba en el escenario más erguida, más orgullosa y más firme. Se dejó crecer el cabello al natural y no volvió a ponerse aquel polvo. Para celebrar su orgullo, escribió un poderoso poema: "Me gritaron negra".

Victoria recorrió el mundo, enseñando y presentando música y bailes afroperuanos. Cuando regresó a Perú, se convirtió en la directora del Instituto Nacional de Cultura y abrió otro teatro. Esta vez, presentó historias de los diferentes pueblos de Perú. "Porque, al final, todos somos una familia", dijo.

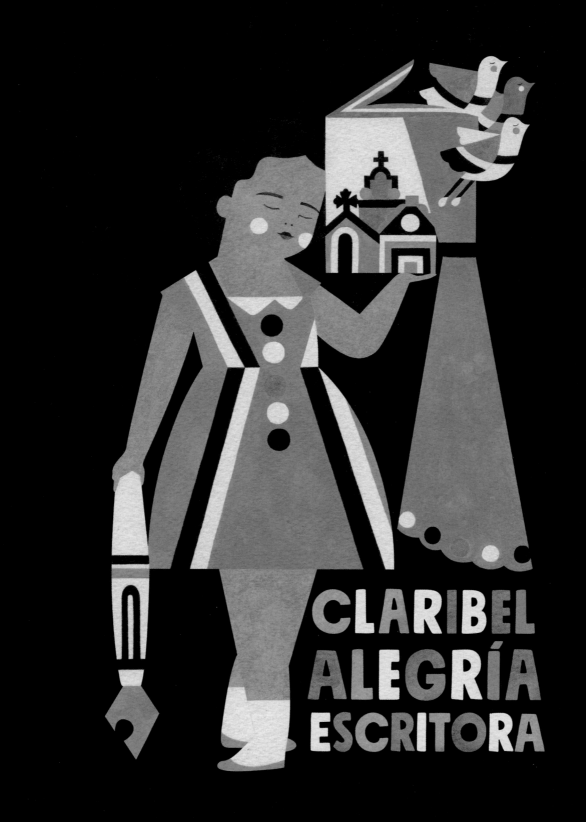

CLARIBEL
ALEGRÍA
ESCRITORA

Claribel Alegría

12 de mayo de 1924—25 de enero de 2018

De noche, mientras el delicado aroma de las flores de café se colaba por su ventana en El Salvador, el papá de Claribel le leía poemas del famoso poeta nicaragüense Rubén Darío. Para ella, las palabras de Darío eran como las notas de un piano; canciones de cuna del país de su padre y su tierra natal. Desde antes de aprender a leer, Claribel jugaba a crear sus propios sonidos con las palabras, como aquellas notas delicadas, y le pedía a su madre que escribiera los poemas que ella le dictaba.

Una noche, escondida detrás de las cortinas de su habitación, vio por la ventana a unos guardias militares empujando a familias indígenas y apuntándoles a la cabeza con sus armas. "¡Eso no está bien!", gritó el padre de Claribel mientras corría hacia la puerta. "¡No hagan esto! ¡Bajen las armas!". Pero los guardias no hicieron caso.

El recuerdo de esa noche atormentaba los sueños de Claribel. No paraba de preguntarse quiénes eran esas personas, cómo eran antes de que les quitaran la vida y qué hubieran querido contar.

Luego, un día, su padre le dio un regalo muy especial: una elegante pluma en un pequeño estuche. "Tienes el don de la palabra", le dijo. "Úsala como una espada". Y eso, exactamente, fue lo que hizo Claribel. Escribió y escribió, día tras día, usando sus delicadas palabras para decir potentes y tajantes verdades.

Cuando se hizo mayor, Claribel recorrió varios países para reunirse con revolucionarios, presos políticos y familiares de desaparecidos que llevaban años buscando a sus seres queridos. Arriesgó su vida al publicar historias que de otra manera hubieran permanecido sepultadas o silenciadas con amenazas. Escribió hasta los noventa y tres años de edad. "Cada vez que los menciono, mis muertos resucitan", decía. Y gracias a su valentía, los nombres y las historias de aquellos que fueron silenciados no se han olvidado y hoy se escuchan en todo el mundo.

Celia Cruz

21 de octubre de 1925—16 de julio de 2003

La música siempre fue lo más importante en la vida de Celia. Desde pequeña le encantaba todo tipo de música: las canciones que su mamá cantaba mientras cocinaba plátanos, los golpes de tambor en los bembés que hacía su vecino y los boleros que escuchaba al caminar por las calles de La Habana, Cuba. Y le encantaba cantar: se sabía de memoria las canciones que se oían en la radio y las cantaba gustosa para quien quisiera escucharlas.

Una noche descubrió la música que se convirtió en su favorita. Atraída por los sonidos del carnaval que se colaban por su ventana, salió con su tía a hurtadillas para ir a divertirse. ¡No podía creer lo que veía! Todas las calles estaban llenas de gente ataviada en trajes brillantes, que bailaba y cantaba música salsa. Era mágico. Y cuando regresó a casa, tuvo el sueño más maravilloso de su vida: estaba vestida con un vestido blanco de muchos vuelos, ¡y era la reina del carnaval!

Celia nunca olvidó ese sueño, y cuando creció, se puso un vestido parecido y se presentó a una audición para cantar con su orquesta de salsa favorita: la Sonora Matancera. Se enamoraron de su voz y, en poco tiempo, el resto de los cubanos también. ¡Su sueño se hizo realidad! Pero, en lugar de convertirse en la reina del carnaval, se convirtió en "la reina de la salsa". Y gritaba "¡Azúcar!". La vida era dulce.

La voz de Celia se convirtió en el sonido de la salsa, y ganó varios premios Grammy. Recorrió el mundo dando conciertos, se mudó a Estados Unidos, grabó más de setenta álbumes, ¡y hasta le dedicaron una estrella en el Paseo de la Fama de Hollywood! Todavía hoy, si se baila salsa en una fiesta y pareciera que "la vida es un carnaval", seguramente se debe a que está sonando una canción de Celia.

: Dolores Huerta :

De niña, Dolores creció en California, entre huertos y viñedos, en el hotel que tenía su mamá. Dolores la vio apretarse el cinturón y ahorrar como podía para cubrir los gastos. Sin embargo, cuando los trabajadores agrícolas llegaban, buscando un lugar para dormir, su mamá los hospedaba gratis. Siempre encontraba la manera de ayudar al necesitado.

Siguiendo el ejemplo de su mamá, Dolores colaboró con su tropa de *Girl Scouts* reuniendo fondos para que las familias que quedaron sin padres durante la Segunda Guerra Mundial pudieran tener ropa y comida.

Dolores creció y se convirtió en maestra. Pero cuando vio a sus estudiantes llegar a clase hambrientos y descalzos, se dio cuenta de que su trabajo debía comenzar por los padres: los trabajadores agrícolas. Dolores recorrió los cultivos y los encontró viviendo en chozas sin piso. ¡Ni siquiera tenían agua potable! "Si protestamos todos juntos, podremos generar un cambio", insistió Dolores. Decidió colaborar con César Chávez, otro organizador, ¡y fundaron el primer sindicato de trabajadores agrícolas de Estados Unidos!

Juntos, Dolores y César dirigieron protestas y manifestaciones. Hablaron con el Congreso. Hasta lograron que un candidato presidencial los apoyara. Pero, como los agricultores no escuchaban sus reclamos, Dolores decidió ir a Nueva York para organizar un boicot. Convocó a sus aliados feministas, puertorriqueños y miembros de las Panteras Negras. Lograron que diecisiete millones de personas dejaran de comprar uvas. ¡Y eso sí llamó la atención de los agricultores! ¡Por fin los trabajadores agrícolas pudieron negociar condiciones de trabajo y salarios decentes! Cuando decían que no era posible, Dolores siempre repetía: "¡Sí se puede!". ¡Y tenía razón! Hasta el presidente Barack Obama llegó a usar su famosa frase, pues no hay nada que no se pueda lograr cuando la gente se une para luchar. ¡Sí se puede! Yes we can!

Rita Rosita Moreno

11 de diciembre de 1931—presente

A los cinco años de edad, Rosita era feliz, jugando bajo el cálido sol de Juncos, Puerto Rico, cocinando banquetes imaginarios en sus cacerolitas. Pero, cuando su madre decidió comenzar una nueva vida en Nueva York, todo cambió. Tan pronto pisó las heladas calles de la ciudad, llena de pandillas, listas para intimidarla con sus insultos y tubos, Rosita captó el mensaje claramente: "¡Tú no perteneces aquí!". "¡Quiero regresar a nuestra casita!", decía Rosita, llorando.

Hasta que un día, regresó el sol y florecieron las plantas. Rosita se volvió a sentir feliz y danzó por toda la sala. "¡Podrías ser bailarina!", exclamó su mamá, y la matriculó en clases con el famoso bailarín español Paco Cansino. A Rosita le encantaba mover los pies al ritmo de las sevillanas y ponerse los elaborados trajes que su mamá le cosía a mano. A los nueve años, hizo su primera presentación en Greenwich Village; y a los diecinueve, ¡partió rumbo a Hollywood!

Parecía que su sueño se hacía realidad. Sin embargo, cuando le pidieron que cambiara su pelo, su maquillaje y su nombre Rosita por Rita, y aun así no le ofrecían los papeles que se merecía, comenzó a preguntarse: "¿Será que no soy lo suficientemente buena?". Luego, se inició la producción de un musical llamado *West Side Story*, y Rita pudo, por primera vez en su vida, interpretar el papel de una puertorriqueña. Bailó, cantó y actuó con todo su ser. ¡Y se ganó un Oscar!

Por fin, el mundo era testigo de lo hermosa y talentosa que siempre había sido. Rita llegó a ganar un premio Grammy, un Emmy y un Tony, ¡y todavía está actuando! Ahora, con su nombre entre las estrellas, está justo donde pertenece.

Maria Auxiliadora da Silva

24 de mayo de 1935—20 de agosto de 1974

Desde niña, Maria siempre encontró arte por dondequiera que miraba. Hasta el carbón de la estufa de la cocina despertaba en su mente un torbellino de ideas.

—¿Ya está lista la cena? —le preguntaba su mamãe.

—¡Ai, ai, ai! —decía Maria mientras dejaba sus dibujos del carbón en la pared y corría a salvar del fuego la comida que debió haber cuidado para que no se quemara.

Cuando su mamãe veía la comida, se reía. Su mamãe la entendía porque también era una artista. Fue ella quien le enseñó a Maria, cuando tenía nueve años, diferentes puntadas para bordar y cómo combinar los colores. "Vem, siéntate conmigo", le decía, y juntas contaban historias con sus hilos.

Cuando creció, Maria convirtió sus historias en pinturas, combinando patrones y texturas como le había enseñado su madre. Tal como lo hacía de niña, podía convertir cualquier cosa en una obra de arte, ¡hasta su propio cabello! Inventó sus propias técnicas, haciendo esculturas dentro de sus pinturas y jugando con la perspectiva y el color como nadie lo había hecho antes. A sus figuras les añadió burbujas de texto, en las que comentaba temas de educación, feminismo, racismo, religión y política, invitando así al espectador a conversar. Cuando los críticos de arte y los académicos trataron de ponerle etiquetas a su trabajo, Maria no se los permitió. "Soy una artista", les decía, sin agregar nada más.

Maria hizo todo bajo sus propios términos. Al rehusarse a ser relegada a categorías ofensivas que la hacían sentir como una extraña, inspiró a nuevas generaciones de brasileños para que dejaran de ver su valor según los estándares europeos y en su lugar crearan unos propios. Maria producía tantas ideas que nunca paró de crear arte, ni siquiera cuando se enfermó. El día que murió de cáncer, a los treinta y nueve años de edad, estaba trabajando en un dibujo. Su familia lo encontró debajo de su almohada.

MERCEDES SOSA
CANTANTE

: Mercedes Sosa .

9 de julio de 1935—4 de octubre de 2009

En lo alto de los árboles de un parque que quedaba cerca de su casa en Tucumán, Argentina, Mercedes se sentaba a pensar. Mientras otros niños jugaban abajo, su estómago vacío hacía ruidos y ella se preguntaba: "¿Cómo es posible que mi mamá y mi papá trabajen tan duro y no ganen lo suficiente para que podamos comer? ¿Por qué la gente que luce como nosotros es siempre la más pobre?".

Al escuchar las canciones de Víctor Jara y Violeta Parra en la radio, Mercedes se dio cuenta de que ella no era la única que se hacía esas preguntas. Esas canciones, que le llegaban desde Chile, parecían ventanas secretas por donde se veían sus pensamientos. Mercedes cantaba esas palabras para sí misma, llena de esperanza de que las cosas cambiarían algún día.

Sin embargo, el gobierno no quería que nada cambiara. Mataron a Víctor Jara y cuando Mercedes se enteró, sintió una enorme mezcla de tristeza y rabia que la llenó de valentía. Recordó que una de sus maestras de secundaria le había dicho que tenía una hermosa voz, y decidió darle uso. Estaba tan nerviosa que no podía ni mirar al público y cerró los ojos. Pero cantó con una voz fuerte y potente. Se aseguró de que el poder de las palabras de Víctor Jara y de todos aquellos que se atrevían a hablar claro se expresara a través de su voz. Día tras día su público se volvió más y más grande. Cuando el gobierno trató de detenerla, su voz ya había ayudado a iniciar una revolución.

Mercedes recorrió toda América Latina y el mundo, cantando por las mujeres, los niños y los derechos humanos. Aunque recibió amenazas de muerte, nunca dejó de cantar. Su voz se convirtió en la voz del pueblo. Y todavía hoy, cuando se reúne gente para hacer una protesta, ponen las grabaciones de Mercedes para que su voz las guíe mientras marchan por las calles.

ISABEL ALLENDE
ESCRITORA

Isabel Allende

2 de agosto de 1942—presente

Isabel creció en la casa de sus abuelos, en Chile, donde vivían mascotas salvajes y los fantasmas que su abuela invocaba en sesiones de espiritismo. De noche, a su abuelo le encantaba recitar poemas épicos y narrar cuentos folclóricos fantásticos. Para Isabel, era el lugar más mágico del mundo.

Pero cuando tenía diez años, su madre se volvió a casar y las dos salieron del país para acompañar a su padrastro, quien, por su trabajo, tenía que viajar por el mundo. En su corazón, Isabel empacó cada objeto, olor y recuerdo de las habitaciones de la casa de sus abuelos. Y en las noches en las que sentía soledad y nostalgia, viajaba a aquella casa en sus sueños.

Cuando Isabel estaba a punto de regresar a Chile, un violento golpe de estado la obligó a quedarse en el exterior. Se encontraba muy lejos y extrañando su hogar más que nunca, cuando recibió una llamada telefónica: "Tu abuelo está muy enfermo". Con el corazón hecho pedazos, empezó a escribirle una carta en la que le hablaba de todos los recuerdos de infancia que, por tantos años, había cargado con ella. Isabel escribió páginas y páginas; usando su imaginación fantástica para viajar, a través de sus palabras, a los momentos y lugares que formaron parte de la extraordinaria vida de su querido abuelo. Cuando terminó, ¡había escrito más de quinientas páginas!

Aquella larga carta se convirtió en su primer libro, *La casa de los espíritus*; un relato tan épico como los poemas de su abuelo y tan mágico como sus cuentos folclóricos. Este libro y los otros veinticuatro que ha escrito desde entonces, ¡han sido traducidos a cuarenta y dos idiomas! Así que, aunque su abuelo ya no vive, gente de todo el mundo ha tenido la oportunidad de conocerlo a él y a todos los demás personajes maravillosos a los que Isabel da vida en sus obras.

SUSANA
TORRE
ARQUITECTA

: Susana Torre :

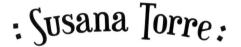
2 de noviembre de 1944—presente

Mientras corrían por el campo en Puán, Argentina, Susana y su prima vieron a un pájaro que construía su nido. "¡Probemos!", dijo Susana, entusiasmada. Y se pusieron a recolectar ramitas y barro. Juntas fabricaron toda una colección de nidos y los escondieron entre los árboles, en la plaza de su pueblo. "¿Será que los pájaros eligen nuestros nidos?", se preguntaron, y esperaron escondidas entre los arbustos para averiguarlo. Los pájaros, sin embargo, siempre parecían saber cuáles eran sus propios nidos. "¿Qué es lo que hace que algo se sienta como un hogar?", se preguntó Susana.

De grande, Susana continuó haciéndose esa pregunta. En una clase de historia del arte, aprendió acerca de la hermosa cúpula de la mezquita de Santa Sofía, en Estambul, Turquía. Allí se congregaron cristianos y, más tarde, musulmanes, a orar bajo una espectacular corona de ventanas que hacen que la cúpula parezca estar flotando sobre rayos de luz. "¡Quiero crear espacios que unan de esa manera a las personas!", pensó Susana. "¡Quiero ser arquitecta!".

Susana comenzó a imaginarse los diferentes tipos de lugares que podía construir. En su proyecto más famoso, la Estación de Bomberos número 5, en Columbus, Indiana, decidió reemplazar los casilleros con espacios comunes, incluyendo una enorme cocina donde todos se pudieran reunir. Esa fue la primera estación en Estados Unidos en recibir mujeres para que realizaran el trabajo de bomberas, ¡y cambió la manera en que se diseñaban las estaciones en todo el país!

Susana también organizó la primera exposición que celebraba el brillante trabajo de las mujeres arquitectas. La muestra tuvo tanto éxito en el Museo de Brooklyn, ¡que luego recorrió todo el país y llegó hasta Holanda! Todavía hoy, en cada espacio que crea, desde un edificio de oficinas hasta un parque, Susana se asegura de que sea un lugar donde todos se sientan en casa.

JULIA ALVAREZ

ESCRITORA

Julia Alvarez

27 de marzo de 1950—presente

Sentada en las piernas de su abuelo, hablando con él sobre lo que quería ser de grande, Julia imaginaba posibilidades infinitas: "¡Una torera! ¡Una vaquera! ¡Una actriz famosa de películas de Hollywood! ¡Quiero montarme en un submarino y ser piloto y volar a Nueva York a comprar juguetes!", decía. Y su abuelo sonreía, pero la mirada de reojo que le daba a sus tíos y tías lo decía todo: va a ser madre, tía, abuela. Esos eran los sueños que se suponía que debía tener una niña.

No fue hasta que ella y su familia salieron de la República Dominicana, huyendo de la dictadura de Rafael Trujillo, y se trasladaron a Nueva York, que Julia encontró la manera de ser todo lo que quería ser. Julia pasaba los recreos escondida detrás de sus libros, escapando de los acosadores que se burlaban de su acento y le arrojaban piedras en el patio de la escuela. Leyendo un libro tras otro no sólo logró dominar el idioma de su nuevo país, sino que también le hizo darse cuenta que ¡podía ponerse en el lugar de cualquiera que ella quisiera conocer o ser!

Al crecer, pasó de ver las vidas de otros a través de la lectura a contarlas ella misma a través de su escritura. Escribió sobre las famosas hermanas Mirabal, que arriesgaron todo para tumbar al presidente Trujillo; sobre médicos que cumplían su misión de salvar al mundo con vacunas; y sobre una familia mexicana en Estados Unidos que pasaba dificultades para mantener en secreto su estatus de indocumentados.

Julia continuó escribiendo, a pesar de que a su familia le preocupaba que quisiera contar historias sobre temas políticos tan delicados. Ahora se dedica a enseñar lo que ha aprendido, alentando a futuros escritores a traspasar los límites de su imaginación y a mirar siempre las cosas desde el punto de vista de otras personas.

Sandra Cisneros

20 de diciembre de 1954—presente

Sandra creció con seis revoltosos hermanos que correteaban todo el tiempo por su pequeña casa de Chicago; así que siempre andaba buscando un lugar tranquilo. La primera vez que pisó una biblioteca pública, donde la gente tenía que guardar silencio y había rinconcitos diseñados para acurrucarse a leer y escaparse a los mundos de los libros, se dio cuenta de inmediato que había encontrado aquel lugar.

La mente de Sandra se llenó de historias de personas que vivían en lugares que ella apenas podía imaginar y que hablaban con voces que no le sonaban familiares. Soñaba con escribir libros como los que encontró en esas estanterías.

Cuando creció, Sandra ingresó a una famosa escuela de escritura en Iowa. Pero entre más trataba de sonar como las voces de los libros que había leído, más difícil se le hacía escribir. "¿Quiénes son estas personas que tienen desván y una casa de verano junto al mar?", se preguntaba. Y, de repente, ¡cayó en cuenta de lo que tenía que hacer! "¿Y si escribo sobre la gente que nunca aparece en esos libros? ¿Y si escribo sobre gente como yo?".

Noche tras noche, Sandra trabajó en una historia que más tarde se convirtió en *La casa en Mango Street*. En ella reflejó su propia voz y las voces de la gente que conocía y amaba. Cuando el libro se publicó, les sonó tan real a tantas personas, que se convirtió instantáneamente en un clásico.

Sandra sigue escribiendo y también apoya a otros escritores. A través del Taller de Escritores Macondo, que fundó, ayuda a escritores de diferentes orígenes a darles vida a sus propias historias.

Sonia Sotomayor

25 de junio de 1954—presente

En el departamento de su abuela, en el Bronx, entre un montón de primos y tíos hacinados en dos habitaciones, Sonia aprendió cómo se capta la atención de la gente. Cuando su abuelita se ponía de pie para declamar sus queridos poemas puertorriqueños en las fiestas familiares, se apagaban hasta las discusiones más acaloradas sobre partidas de dominó. Su voz fuerte y profunda tocaba el corazón de los presentes y conmovía a los tíos de Sonia hasta hacerlos llorar. Sonia veía cómo su abuelita les daba vida a las palabras, no solo para crear imágenes en la mente de su público sino también para despertar sus sentimientos.

Sonia soñaba con ser abogada, como Perry Mason, su personaje favorito de televisión. Se unió al club de debates de su escuela secundaria, pero al comienzo perdía, a pesar de que sus argumentos eran sólidos. Luego, un día, decidió imitar a su abuelita. Poco a poco, esculpiendo las palabras con sus manos para crear imágenes, Sonia creó tensión. Sintió cómo el silencio se apoderaba del lugar y, en poco tiempo, tenía a todo su público con el alma en vilo. Cuando logró que la gente se pusiera en el lugar de otra persona, soltó su argumento final, tocando así el corazón de los presentes. Apenas se dispuso a bajar del escenario, ¡el público estalló en aplausos! Como hacía su abuelita, Sonia no solo logró que todos escucharan sus palabras, sino que también sintieran el poder que tenían. ¡Así ganó ese debate!

Sonia se convirtió en abogada y después en jueza. ¡Causó tan buena impresión que el presidente Barack Obama la nominó para la Corte Suprema de Justicia! Ahora que está ayudando a tomar decisiones sobre los casos más importantes del país, Sonia no olvida que, cuando se presenta un argumento, conectarse con las personas es tan importante como elegir las palabras precisas.

RIGOBERTA MENCHÚ TUM

ACTIVISTA

• Rigoberta Menchú Tum •

9 de enero de 1959—presente

Mientras velaba la milpa, acompañada por su cerdito y oveja, a Rigoberta le encantaba soñar. Bajo el cielo nocturno de Guatemala donde sus ancestros trazaron mapas de las estrellas, Rigoberta soñaba con el día en que su pueblo, Laj Chimel, podría vivir de su propia tierra. En vez de bajar a las fincas en autobuses viejos y abarrotados para recoger algodón y café por unos pocos centavos, podrían quedarse en las montañas de El Quiché viviendo en paz.

Año tras año, después de largas y duras jornadas en las fincas, el pueblo compartía el cuidado de sus parcelas. ¡Al fin, cuando Rigoberta estaba a punto de cumplir catorce años, lograron cosechar lo suficiente para alimentar a toda la comunidad! ¡Agradeciendo la cosecha, el pueblo celebró con chirimías y tambores!

Al poco tiempo, los finqueros se enteraron. Aprovecharon la guerra interna que atormentaba comunidades indígenas como la de Rigoberta para llamar al ejército y así robar sus tierras. El papá de Rigoberta, don Vicente Menchú Pérez, comenzó a trabajar con líderes comunitarios para defender sus derechos. Pero cuando lo encarcelaron, Rigoberta se dedicó a la lucha. Se puso a organizar a los vecinos. "¡Ke'qach'ija' na! ¡Resistimos!", les dijo. Y cuando llegaron los militares, el pueblo tenía sus estrategias listas para confundirlos y se logró salvar.

Rigoberta viajó por toda Guatemala ayudando a otras comunidades a defender sus derechos. Su madre, padre y hermano fueron asesinados y ella fue amenazada también. Tuvo que abandonar el país; pero nunca se dio por vencida. En el exilio escribió su famoso testimonio, *Me llamo Rigoberta Menchú y así me nació la conciencia*, para que el mundo conociera la lucha de los pueblos indígenas; y se unió a las Naciones Unidas para traer paz a su país y comunidad. Recibió el Premio Nobel de la Paz en 1992 y, desde entonces, continúa su defensa de las comunidades indígenas para que todos sean tratados con respeto, dignidad e igualdad.

MERCEDES DORETTI

ANTROPÓLOGA
FORENSE

: Mercedes Doretti .

1959—presente

Mercedes creció en Argentina durante una época peligrosa. Los militares estaban en el poder y la gente podía desaparecer en la noche simplemente por decir lo que no debía o por tener amistades con personas que no eran del agrado del gobierno.

En la Plaza de Mayo, muchas abuelas se congregaban para exigir información sobre sus hijos y nietos desaparecidos. "¿Todavía están vivos?" "¿Tienen hambre o frío?" Todos los días, durante meses, las abuelas acudieron a la plaza. "¡Merecemos saber la verdad!", decían.

"Me gustaría poder ayudarlas", pensaba Mercedes cuando pasaba.

Un día, a su clase de antropología en la universidad llegó un hombre de Estados Unidos. "Las abuelas me pidieron que viniera", dijo. "Voy a destapar lo que los militares han tratado de ocultar. ¿Quién se apunta conmigo?".

Mercedes tenía miedo. Lo que este hombre les estaba proponiendo era muy diferente a lo que estaban acostumbrados a hacer, que era examinar huesos de antiguas civilizaciones. Pero ella sabía lo importante que era esa labor, así que levantó la mano: "Yo me apunto", dijo.

Mercedes formó parte de un grupo que desenterró los huesos de los desaparecidos. Los analizaron para contarles a las abuelas la verdad que durante tanto tiempo habían esperado oír. Por fin había pruebas que se podían llevar a los tribunales. Mercedes se sintió tan inspirada que creó un grupo que continuó con el trabajo. Hoy en día, lidera en todo el mundo proyectos cuyo objetivo es encontrar pruebas de crímenes de lesa humanidad para darles a las familias que buscan la justicia el respeto que se merecen. Gracias a Mercedes, verdades que han permanecido ocultas tienen la oportunidad de salir a la luz.

SOLANGE PIERRE

ACTIVISTA

Sonia Solange Pierre

4 de julio de 1963—4 de diciembre de 2011

Sonia no se llamaba Sonia. Ese fue el nombre que a su maestra le pareció más fácil de pronunciar. Tampoco se llamaba Solain Pié. Fue así como la registraron los funcionarios dominicanos, sin importarles que en realidad se llamara Solange.

A la gente que no vivía en su batey no le importaba si Solange y sus vecinos tenían agua corriente, escuelas o un hospital adonde ir cuando se enfermaban. Los habitantes de los bateyes eran vistos como inmigrantes haitianos que habían llegado a la República Dominicana para trabajar en las plantaciones de caña de azúcar. Nada más que eso. Pero Solange tenía otras ideas.

A los trece años de edad ya andaba organizando a la gente de batey en batey. "¡Necesitamos escuelas, hospitales y salarios dignos! ¡Y no vale si no hacemos huelga todos juntos!", decía. Una vez, mientras dirigía una marcha, unos guardias la arrestaron y le dijeron a su madre: "¡Si no controla a su hija, la enviaremos de regreso a Haití!". Pero los comentarios racistas de los guardias, lejos de detener a Solange, fortalecieron su determinación. "¡Yo nací dominicana! ¡Me tienen que tratar como a cualquier otro ciudadano!", declaró.

Solange organizó un grupo de mujeres que demandó al gobierno dominicano en nombre de todos los dominico-haitianos, a quienes se les habían negado sus derechos como ciudadanos. Recorrió el mundo para obtener apoyo internacional y, en 2005, la organización ganó su primer caso en la Corte Interamericana de Derechos Humanos por el derecho de los niños dominico-haitianos a tener un certificado de nacimiento. ¡Por fin serían reconocidos como ciudadanos dominicanos! Lamentablemente, Solange murió antes de que el gobierno dominicano comenzara a acatar el fallo de la Corte, pero, gracias a su trabajo, ahora hay en los bateyes escuelas, clínicas y toda una comunidad comprometida a luchar por sus derechos.

JUSTA CANAVIRI

CHEF

Justa Canaviri

13 de agosto de 1963—presente

Justa creció junto a tres hermanas de carácter fuerte y una madre que tenía su propia sandwichería, en La Paz, Bolivia, y así aprendió a no permitir que nadie le dijera lo que tenía que hacer. Especialmente, los varones. "¡Todo lo que tú puedes hacer, yo también puedo hacerlo!", les decía. ¡Y lo hacía! Hasta jugando baloncesto, Justa era una contrincante que no se podía subestimar, a pesar de ser pequeña.

Por eso, cuando se propuso salir en televisión, a Justa no le preocupó el hecho de que en la pantalla no se viera gente como ella. Llegaba a los canales de televisión muy elegante, con su traje típico aimara, su pollera y su chal. Aunque la rechazaron muchas veces, no se rindió ni cambió su apariencia. Estaba decidida a alcanzar el éxito.

Al fin la contrató un noticiero y se convirtió en la primera mujer aimara en trabajar en la televisión. ¡Los televidentes de inmediato le tuvieron cariño! En poco tiempo, creó su propio programa de cocina. Por supuesto, lo hacía todo a su manera. Mientras preparaba sus salsitas o su famoso fricasé, decía "Mamitas y papitos, tengo algo que decirles...". Hablaba en contra del racismo y la violencia contra la mujer, y defendía los derechos humanos. Sacó a la luz muchas verdades incómodas e inspiró conversaciones en todo el país cada noche a la hora de la cena.

Su programa se convirtió rápidamente en el más visto de la televisión boliviana, y ella puso su fama al servicio de los necesitados. Cocinó para la gente que veía en la calle pasando hambre y buscó la manera de ofrecerles a las mujeres que lo necesitaran un lugar seguro donde dormir. A Justa le encanta cocinar, pero su principal objetivo ha sido ayudar a otras mujeres a tener confianza en sí mismas. Hoy, "la mujer que más les quiere" continúa trabajando por el cambio y quiere que sus queridos seguidores sepan que nunca se va a detener. "¡Todavía hay algunas barreras que tenemos que romper!", dice.

EVELYN MIRALLES

INGENIERA DE
REALIDAD VIRTUAL

★ Evelyn Miralles ★

19 de febrero de 1966—presente

Fue en su pequeño jardín de Caracas, Venezuela, donde la imaginación de Evelyn comenzó a desbordarse. Inspirada por el programa de televisión *Perdidos en el espacio*, creó, con sus hermanos, un platillo volador imaginario que podía recorrer toda la galaxia. Jugaban a visitar planetas desconocidos y caminaban por el jardín como exploradores que veían plantas, árboles y animales por primera vez.

Cuando Evelyn creció, como le encantaba la construcción, comenzó a estudiar arquitectura. Pero, tras tomar una clase de gráficas por computadora, se dio cuenta de que podía construir muchas más cosas y también crear sus propias herramientas. Se entusiasmó al imaginar todas sus nuevas posibilidades y comenzó a soñar más allá del planeta Tierra. Para su proyecto final, creó un modelo 3D de una nave espacial de la NASA. Su trabajo con 3D era tan avanzado que llamó la atención de la NASA, al punto de que le ofrecieron un empleo.

Al poco tiempo, Evelyn estaba construyendo el primer programa de realidad virtual de la NASA, así como el procesador que lo ejecutaba. Comenzó creando ambientes espaciales para entrenar a los astronautas para sus misiones, de manera que experimentaran lo que es caminar sin gravedad y sin saber dónde es arriba y abajo. Aunque Evelyn nunca ha estado en el espacio, las experiencias que crea son tan fieles que los astronautas que viajan por primera vez ¡dicen sentirse como si ya hubieran estado antes allí!

En su oficina, cubierta de mantas negras y estrellas fosforescentes, Evelyn continúa creando realidades a diario, y ahora es también la mentora de otras mujeres que quieren trabajar en ese campo. Se imagina un futuro en el que muchas más mujeres trabajen a su lado y espera que puedan unírsele en su próximo proyecto ¡entrenando astronautas para viajar a Marte!

Selena Quintanilla

16 de abril de 1971—31 de marzo de 1995

"¡Órale! ¡Qué bien te sale, mija!", le decía su padre tocando la guitarra mientras la pequeña Selena de cinco años cantaba. Su papá llevaba años trabajando en el mundo de la música, así que sabía reconocer cuando alguien tenía talento. Convirtió el garaje de su casa de Texas en una sala de ensayos y les enseñó a sus hijos a tocar juntos, como una banda. "¿De verdad tenemos que ensayar?", se quejaban Selena y sus hermanos mayores. Pero, cuando se subieron al escenario, en el restaurante de su padre, se dieron cuenta de que había valido la pena: quedaron cautivados con los aplausos y las caras sonrientes del público.

Solo les faltaba una cosa por hacer: ¡aprender a cantar en español! "¡¿Qué!? ¡Yo quiero cantar como Donna Summer!", decía Selena. Pero, como su padre insistía, se les ocurrió una idea. Sus hermanos mezclaron R&B y música tecno con ritmos tejanos, y Selena creó su propio sonido en el que combinaba estilos de México y Estados Unidos con un poco de baile de cumbia para animar el escenario.

En poco tiempo, Selena y los Dinos se convirtió en la banda del momento. Alegraban fiestas en todo Texas ¡y también en México! Selena sentía que vivía un sueño. "Pero no es solo mi sueño. Cuando estoy en el escenario, ¡siento que estoy cantando las esperanzas y los sueños de todos!", decía. Y tenía razón. Cuando se convirtió en la primera cantante de música tejana en ganar un premio Grammy, los mexicoamericanos de todo el país irradiaron orgullo.

Tristemente, Selena murió de manera trágica cuando apenas tenía veintitrés años. Admiradores de todo el mundo hicieron una fila de una milla para despedirse de ella y prometerle que mantendrían viva su música. Y así fue. La energía de Selena aún se siente cuando suena su voz, "Ay, ay, ay, cómo me duele"; y a pesar de tener los ojos llenos de lágrimas, la gente sonríe y se pone a bailar.

BERTA CÁCERES

ACTIVISTA

Berta Cáceres

4 de marzo de 1973—3 de marzo de 2016

De niños, Berta y sus hermanos se apiñaban alrededor de la radio de su madre para escuchar a escondidas las voces de Cuba y Nicaragua que se pronunciaban sobre la igualdad. La mamá de Berta sabía que esas emisoras de radio estaban prohibidas en Honduras, pero, como alcaldesa, gobernadora y partera de su comunidad de Lenca, debía mantener a su gente informada sobre lo que pasaba en los pueblos que estaban luchando por sus derechos.

Al hacerse mayor, Berta fue encontrando su propia voz. Estudió derecho y creó un programa de radio parecido a los que escuchaba de niña. Educó a sus vecinos sobre sus derechos civiles y fundó una organización donde la gente se reunía para conversar acerca de la mejor forma de dirigir su comunidad.

De manera que, cuando una enorme compañía eléctrica, Sinohydro, llegó a su tierra para construir una represa sin permiso, el pueblo de Berta estaba preparado. La compañía convocó la ayuda del ejército, pero Berta y su comunidad levantaron una barricada con rocas y permanecieron allí, día tras día, protegiendo su agua potable y toda la fauna que dependía del río para sobrevivir. Al cabo de varios meses, la compañía eléctrica se retiró. ¡Su hermoso río sagrado, el río Blanco, estaba a salvo!

La noticia de la victoria de su pueblo se propagó y, cuando otras comunidades comenzaron a resistir, las empresas de servicios públicos intentaron detener el movimiento enviándole a Berta amenazas de muerte. Pero Berta intensificó su lucha, visitando aún más comunidades por todo el continente americano. "¡Despertemos! ¡Ya no hay tiempo!", decía. "Somos los custodios de la tierra y de los ríos y nos corresponde protegerlos para las futuras generaciones". Tristemente, Berta fue asesinada. Pero sus ideas ya se habían propagado ampliamente. Muchos pueblos por el mundo estaban preparados para continuar la lucha, con la determinación de honrar la memoria de Berta.

SERENA AUÑÓN

MÉDICA ASTRONAUTA

⋆ Serena Auñón ⋆

9 de abril de 1976—presente

Desde que Serena vio por primera vez el despegue de un transbordador espacial, decidió que algún día sería uno de esos astronautas que iban dentro de la nave. Mientras veía el lanzamiento una y otra vez por televisión, soñaba con flotar en el espacio y dar volteretas en el aire.

"¿Sabes? ¡La NASA siempre necesita ingenieros!", le dijo su padre, y enseguida un montón de ideas comenzaron a rondarle en la cabeza.

Cuando Serena creció, entró a la universidad a estudiar ingeniería. Le encantaba aprender sobre sistemas y descubrir cómo se conectaban las cosas: cómo cada parte encaja con la siguiente. Pero también escuchaba a sus amigos de la facultad de medicina hablar acerca de sus clases sobre cómo se curaba el cuerpo. Al oír todo aquello, Serena se puso a pensar: "Cuando uno está en el espacio, donde no hay gravedad, ¿cambia la manera en que funciona el cuerpo? ¿Aplican otras reglas en el espacio o el cuerpo se queda igual?".

En la Universidad de Texas, Serena encontró un programa en el que podía estudiar para ser astronauta y médica. Estaba tan entusiasmada con la idea de investigar qué pasaba con las enfermedades humanas en el espacio que, tan pronto como se graduó de medicina aeroespacial, solicitó trabajo como astronauta en la NASA, ¡y la contrataron!

En su primera misión, en 2018, Serena llevó al espacio muestras de células y proteínas de pacientes con cáncer y otras de pacientes con la enfermedad de Alzheimer. Sin gravedad, pudo estudiar sus muestras en 3D. Su trabajo apenas comienza, pero ya está ayudando a los médicos a entender y tratar mejor a sus pacientes en la Tierra. Serena espera ansiosa sus próximas misiones y anhela ir a la luna y, quizás un día, ¡a Marte!

WANDA DÍAZ-MERCED

ASTROFÍSICA

Wanda Díaz-Merced

1982—presente

"Cinco, cuatro, tres, dos, uno... ¡despegue!", gritaban la pequeña Wanda y su hermana. Y, aferradas a las columnas de sus camas, salían disparadas al espacio y giraban alrededor de los anillos de Saturno; atrapaban cometas y daban vueltas en los vientos de Neptuno. En su nave espacial imaginaria, volaban por las estrellas, a millones de millas de su pueblo en Puerto Rico.

Sin embargo, no fue hasta que ganó el segundo puesto en la feria de ciencia de su escuela que Wanda comenzó a pensar en ser una científica de verdad. Se esforzó para poder llegar a la universidad y perseguir su sueño de estudiar las estrellas.

Wanda logró entrar a la universidad, pero algo andaba muy mal. No quería contárselo a nadie, pero poco a poco, estaba perdiendo la vista. Aprendió braille e intentó mostrarles a sus profesores cómo podían explicarle las gráficas y tablas que ella no podía ver. Pero, cuando sus compañeros de clase comenzaron a sobrepasarla, se dio cuenta de que iba a tener que hacer más que eso para tener éxito. Se le ocurrió una idea: "¡Puedo escuchar las estrellas!". Muy pronto, se puso manos a la obra, transformando los datos en ritmos, tonos y sonidos. ¡En poco tiempo, creó una sinfonía completa de sonidos para las estrellas, los asteroides y los planetas!

Con su sistema de sonificación, Wanda creó mapas de todo el espectro electromagnético. Logró estudiar explosiones de luz que ni siquiera eran perceptibles para los astrónomos que podían ver, y así descubrió patrones en la formación de las estrellas que generaron avances importantes en todo su campo.

Hoy en día, Wanda trabaja en una escuela para gente ciega en Suráfrica y desarrolla nuevas técnicas para que todos los científicos tengan la oportunidad de sobresalir. Como ella misma dice: "La ciencia es para todos [. . .] y debe estar disponible para todo el mundo porque todos somos exploradores natos".

MARTA VIEIRA

FUTBOLISTA

Marta Vieira da Silva

19 de febrero de 1986—presente

Cuando la pequeña Marta no estaba vendiendo frutas en el mercado para ayudar a su familia, estaba jugando futebol en la casa de su vovó con todos sus primos. "¿Por qué no juegas con muñecas? ¡Eres una niña!", le decía su vovó. Pero el juego preferido de Marta era correr, brincar y tropezar con sus primos por las calles de Dois Riachos, Brasil.

Los vecinos la miraban raro desde la puerta de sus casas cuando la veían pasar. Pero Marta no permitió que nada de eso le impidiera entrenar todos los días. A los diez años de edad, comenzó a jugar en el equipo de niños de su barrio. ¡Juntos, ganaron el campeonato durante dos años seguidos! Marta estaba muy contenta, pero un entrenador de otro equipo se puso furioso. "Si dejan que esa niña siga jugando, sacaré a mi equipo de la liga", dijo.

Marta no entendía a qué se debía tanto alboroto. "Soy tan buena como cualquiera de esos niños", insistía. De todos modos, la suspendieron. Su entrenador le dijo que su única oportunidad para seguir jugando era presentarse a las pruebas para el equipo nacional femenino, en Río de Janeiro. Pero el viaje en autobús duraba tres días y Marta no quería separarse de su familia...

A pesar de tener mucho miedo, Marta tomó el autobús, hizo las pruebas ¡y fue aceptada en el equipo! Hoy continúa jugando. ¡Ha sido declarada Jugadora Mundial de la FIFA seis veces y tiene el récord de la mayor cantidad de goles en una copa mundial!

ALEXANDRIA OCASIO-CORTEZ

CONGRESISTA

Alexandria Ocasio-Cortez

Cuando Alexandria tenía cinco años, sus padres decidieron mudarse del Bronx a los suburbios, lejos de sus familiares. Le dijeron que su nueva escuela le ofrecería mejores oportunidades. Alexandria comenzó a darse cuenta de que su código postal podía afectar cuán fácil o difícil le resultaría convertirse en lo que quería ser.

Pero fue a raíz de un viaje que hizo a Washington D. C. que Alexandria comenzó a soñar. Cuando se sentaron junto al famoso estanque, mirando hacia el monumento a Washington y el Capitolio en toda su grandeza con el cielo de fondo, su papá le dijo: "¿Sabes? Todo esto es nuestro. Este es nuestro gobierno y nos pertenece a ti y a mí".

A pesar de que muchas cosas no parecían pertenecerle, como su escuela, donde nadie se parecía a ella, o aquellos lugares donde hacía sus tareas mientras su mamá limpiaba; Alexandria le creyó a su papá. Y cuando creció, se le ocurrió una idea para hacer que el gobierno en realidad se sintiera como si fuera de todos: decidió postularse para el Congreso y recorrió las calles para registrar a los votantes y conocer las necesidades de sus vecinos. Y por las noches, investigaba y planificaba. En su primer debate televisado, su contrincante le dijo "Eres demasiado joven". Pero ella lo enfrentó, ¡y ganó!

Con veintiocho años de edad, Alexandria se convirtió en el miembro del Congreso más joven de la historia. Mientras lucha por el derecho a los servicios de salud, la protección del medio ambiente y por que las universidades públicas sean gratuitas, Alexandria inspira a la gente a tener esperanza en un país en el cual, como ella dice, "tu código postal ya no determine tu destino".

LAURIE HERNANDEZ

GIMNASTA OLÍMPICA

..Lauren Zoe Hernandez.

9 de junio de 2000—presente

La música era muy importante en la casa de Laurie. Marcaba cada año nuevo, cuando su familia y amigos bailaban hasta que llegaba la medianoche. Marcaba los fines de semana, cuando se acurrucaba con su papá por las mañanas para escuchar sus discos de jazz. E incluso marcaba las "fiestas de limpieza", cuando su familia soltaba los trapeadores y escobas y se ponía a bailar.

Por eso, cuando Laurie comenzó a practicar gimnasia, a los cinco años de edad, naturalmente quiso ponerles música a sus rutinas. La música la ayudaba a recordar los distintos pasos y volteretas. El ritmo le indicaba cómo y cuándo enlazar sus movimientos. Pero un día, cuando Laurie iba a poner la música para su rutina en la viga, su entrenador la detuvo: "Hoy quiero que hagas tu rutina en silencio", le dijo. "Es así como se hace en las competencias".

Todos se voltearon a mirarla, y Laurie comenzó a temblar. Estaba tan nerviosa. Sin embargo, al sentir la viga bajo sus pies, se le ocurrió una idea. Al comienzo le resultó un poco raro, pero dejó que el sonido de sus manos y sus pies al golpear la viga le marcaran el tiempo. Le dio a cada vuelta, giro y salto su propio ritmo. Y en un abrir y cerrar de ojos, ¡hizo toda la rutina a la perfección!

Laurie continuó haciendo muchas rutinas perfectas siguiendo su propio ritmo. De su pequeño gimnasio en Nueva Jersey, llegó hasta los Juegos Olímpicos, donde ganó medallas de oro y plata. Y, como siempre le había encantado bailar, participó en *Dancing with the Stars* ¡y ganó también esa competencia! Ahora piensa en todas las posibilidades de su futuro y se siente fuerte sabiendo que lleva todo lo que necesita dentro de sí misma. Si compite en los Olímpicos por segunda vez o se convierte en bailarina o actriz, o si descubre un nuevo camino, Laurie sabe, como lo supo aquel día en que hizo su primera rutina en silencio, "¡Puedo hacerlo! I got this!".

Más latinitas

Hay tantas historias inspiradoras de latinas en todo Estados Unidos y a lo largo
y ancho de América Latina, ¡que me gustaría poder escribir sobre todas ellas!
Estas son algunas de las otras latinitas que me gustaría compartir con ustedes.
¡Espero que se animen a descubrir muchas más por su propia cuenta!

★ ★

Leona Vicario
1789–1842

Líder de la Guerra de Independencia de
México e informante de los rebeldes. Una
de las primeras periodistas de su país.

Petronila Angélica Gómez
1883–1971

Líder de la primera organización
feminista y editora de la primera revista
feminista de la República Dominicana.

Hermelinda Urvina
1905–2008

Primera sudamericana en obtener una
licencia de piloto y unirse al grupo de
Amelia Earhart, las Ninety-Nines.

Eva Perón
1919–1952

Primera dama de Argentina y activista
que abogó por los servicios públicos y
los derechos de los trabajadores.

Las hermanas Mirabal

1924–1960

Activistas rebeldes durante el régimen de Trujillo en la República Dominicana cuyo asesinato desató una revolución.

Sylvia Mendez

1936–present

Primera niña latina que ingresó a una escuela para niños blancos en EE. UU., luego del histórico caso *Mendez contra Westminster*, en 1948.

Sara Gómez

1942–1974

Primera directora de cine en Cuba y primera persona en mostrar la Cuba revolucionaria desde la perspectiva afrocubana.

Verónica Michelle Bachelet

1951–present

Primera mujer en América del Sur en ser elegida democráticamente como presidenta. Elegida por dos períodos consecutivos en Chile.

Gloria Estefan

1957–present

Cantante ganadora de siete premios Grammy. Como productora, también apoya a talentos latinx.

Ellen Ochoa

1958–present

Primera astronauta latina que viajó al espacio. Inventora, con tres patentes, de tecnología de sistemas ópticos.

: Agradecimientos .

Me siento muy agradecida con Macmillan por haberme permitido dedicar un año y medio a conocer a estas increíbles mujeres inspiradoras y por la oportunidad de darle vida a esta colección de historias. Estoy especialmente agradecida con mi brillante y generosa editora, Laura Godwin, quien pulió mis palabras hasta convertir estas historias en lo que ella poéticamente llama "pequeñas gemas"; y con mi talentosa diseñadora, Liz Dresner, cuyos detalles, hermosos y bien pensados, llenan las páginas de este libro. Muchas gracias también a Mary Van Akin, Molly Ellis, Rachel Murray, Starr Baer y al resto del equipo de Godwin Books. ¡Me siento muy honrada por haber tenido la oportunidad de trabajar con todos ustedes!

Nada de esto hubiera sido posible de no ser por mi sabia agente y amiga Adriana Domínguez, quien ha depositado todo su cariño en este proyecto desde el comienzo, siempre dispuesta a conversar por teléfono, de día o de noche, sobre una variedad de temas, desde las ideas políticas sobre la identidad latinx hasta el color de la tipografía y mi estado de ánimo.

Muchísimas, muchísimas gracias a Luis de León Díaz, quien ha estado pendiente de todo, desde acompañarme a hacer lluvias de ideas hasta ayudarme a editar mis archivos de Photoshop y traerme tecitos a altas horas de la noche.

A mi madre irlandesa-estadounidense, quien regresó a Estados Unidos estando embarazada de mí para que algún día yo pudiera llegar a ser presidenta, pero se sintió inmensamente feliz con saber que yo iba a publicar este libro. A mis dos hermanas mayores, Lisa y Jessica Menéndez, quienes fueron mis primeros modelos de vida y son todavía mis referentes. A mi padre guatemalteco y su familia de artistas, quienes nunca me dijeron que mi arte era bueno hasta que realmente lo fue. Y a mis amigos, cuyo entusiasmo por este proyecto me ha servido de combustible. ¡Gracias!

Les debo una inmensa gratitud a todos aquellos que investigaron la vida de estas mujeres mucho antes que yo. Quiero agradecerles, en especial, a todas las latinas que conservaron archivos, cartas, fotos y documentos, a las que escribieron sus tesis de grado sobre estas mujeres y a las que crearon hermosos documentales para honrar sus vidas antes de su partida. Un agradecimiento especial para Balbina Herrera y Dania Batista, quienes con mucha generosidad dedicaron tiempo para enviarme información valiosa sobre la vida de Gumercinda Páez. Gracias también a Emma Otheguy por sus increíbles ideas.

Finalmente, quiero darles las gracias a todas las mujeres que aparecen en estas páginas, ¡cuya vida y obras me inspiraron a hacer este libro! En particular, quiero agradecerle a la arquitecta Susana Torre, quien me ofreció su apoyo desde el comienzo y cuyo entusiasmo hacia este proyecto me animó a convertirlo en realidad. ¡Mil gracias!

Fuentes consultadas

Sor Juana Inés de la Cruz

Aguilar Salas, Lourdes. "Biografía [de Sor Juana Inés]." Ciudad de Mexico, n.d. http://ucsj.edu.mx/dec/sjm/documentos/biografiaLAS.pdf.

Arróniz, Marcos. 2018. Manual de Biografía Mejicana, ó Galería de Hombres Célebres de Méjico. Alicante : Biblioteca Virtual Miguel de Cervantes, 2018. http://www.cervantesvirtual.com/obra/manual-de-biografia-mejicana-o-galeria-de-hombres-celebres-de-mejico-877891.

Bono, Ferran. "El amor sin tabúes entre sor Juana Inés de la Cruz y la virreina de Mexico." El País, March 30, 2017. https://elpais.com/cultura/2017/03/29/actualidad/1490761165_233141.html.

Colchero, María Teresa. 2006. La Cultura En Movimiento. Puebla, Pue. [Meexico]: BUAP.

de la Cruz, Sor Juana Inés. Antología poética. Alianza Editorial, 2007.

——. El Sueño. n.d.

——. Respuesta a Sor Filotea de la Cruz. n.d. http://bibliotecadigital.tamaulipas.gob.mx/archivos/descargas/31000000339.PDF.

Elorza, Eva M. "Juana Ramírez de Asbaje (1648–1656). El paisaje de la infancia, horizonte inicial." Euskonews, n.d. www.euskonews.com/0602zbk/gaia60201es.html.

Fuller, Amy. "A Mexican Martyr." History Today, September 28, 2015. www.historytoday.com/amy-fuller/mexican-martyr.

Grupo Akai. 2019. "Vida De Juana Inés De La Cruz I." NoCierresLosOjos.Com. August 8, 2019. http://www.nocierreslosojos.com/juana-ines-de-la-cruz-biografia/.

Long, Pamela H. "'El caracol': Music in the Works of Sor Juana Ines de la Cruz." PhD diss., Tulane University, 1990. https://digitallibrary.tulane.edu/islandora/object/tulane:27540.

Mexico Desconocido. "Sor Juana Inés de la Cruz: biografía de 1648–1695." Mexico Desconocido, November 12, 2019. www.mexicodesconocido.com.mx/sor-juana-ines-de-la-cruz-1648-16951.html.

Morales, Talía. "Vida y obra de Sor Juana Inés de la Cruz." Aion.mx, November 12, 2017. http://aion.mx/biografias/vida-y-obra-de-sor-juana-ines-la-cruz.

Vallès, Alejandro Soriano. "La inestimable primera biografía de Sor Juana Inés de la Cruz." n.d. www
.academia.edu/35500178/La_inestimable_primera_biografía_de_Sor_Juana_Inés_de_la_Cruz.

Vázquez, Graciela. "Monografía [Sor Juana]." n.d. http://userpage.fu-berlin.de/vazquez/vazquez/pdf
/monografiaestudiante.pdf.

Juana Azurduy de Padilla

Humboldt Travel. "5 Latin American Women to Celebrate on International Women's Day." *The Humboldt
Current* (blog), March 8, 2018. https://humboldttravel.co.uk/5-amazing-latin-american-women
-celebrate-international-womens-day.

Márquez, Humberto. "Latin America: Women in History—More Than Just Heroines." Interpress Service
News Agency, September 8, 2009. http://www.ipsnews.net/2009/09/latin-america-women-in-history
-more-than-just-heroines.

Museo Histórico Nacional de Argentina. "Juana Azurduy: la revolución con olor a jazmín." Museo Histórico
Nacional de Argentina, Accessed December 1, 2019. https://museohistoriconacional.cultura.gob.ar
/noticia/juana-azurduy-la-revolucion-con-olor-a-jazmin.

O'Donnell, Pacho. 2017. Juana Azurduy. Debolsillo.

Policarpa Salavarrieta

Agaton, Carlos. "Colombia 1817: Las últimas palabras de la heroína 'La Pola' ante de sus verdugos." *Agaton*
(blog), November 14, 2017. https://carlosagaton.blogspot.com/2017/11/colombia-1817-las-ultimas
-palabras-de.html.

Castro Carvajal, Beatriz. "'La Pola', una eterna heroína." *Semana*, November 13, 2018. www.semana.com
/nacio/articulo/historia-sobre-policarpa-salavarrieta-la-pola/540169.

Felipe, Andrés. "Biografía de Policarpa Salavarrieta." Historia-Biografía.com, August 3, 2017. https://historia
-biografia.com/policarpa-salavarrieta/.

Malaver, Carol. "Tras los orígenes de Policarpa luego de 200 años de su ejecución." *El Tiempo*, December
22, 2017. www.eltiempo.com/bogota/libro-que-cuenta-la-historia-de-la-pola-luego-de-200-anos-de
-su-ejecucion-164340.

Molano, Enrique Santos. "Una y mil muertes." *El Tiempo*, November 17, 2017. https://www.eltiempo.com
/opinion/columnistas/enrique-santos-molano/una-y-mil-muertes-bicentenario-de-la-muerte-de-la
-pola-152076.

"Policarpa Salavarrieta." *Biografías y Vidas*. www.biografiasyvidas.com/biografia/s/salavarrieta.html.

"Policarpa Salavarrieta." *La encyclopedia de Banrepcultural*. http://enciclopedia.banrepcultural.org
/index.php?title=Policarpa_Salavarrieta#Biograf.C3.ADa.

"Policarpa Salavarrieta Ríos." *Colombian Culture, Colombia Adoption, and Raising Colombian Kids* (blog),
May 4, 2009. http://raisingcolombiankids.blogspot.com/2009/05/policarpa-salavarrieta-rios.html.

Robledo, Beatriz Helena. *¡Viva La Pola!* Instituto Distrital de las Artes—Idartes, 2009.

Rosa Peña de González

Rodríguez Alcalá de González Oddone, Beatriz. *Rosa Peña*. Academia Paraguaya de la Historia, 1970.

"Una cuestión de familia." ABC Color, August 22, 2004. www.abc.com.py/edicion-impresa/suplementos /abc-revista/una-cuestion-de-familia-780910.html.

Teresa Carreño

Coifman, David. "Bajo la forma de un ángel." Mundoclasico.com, December 22, 2011. www.mundoclasico .com/articulo/16593/%E2%80%9CBajo-la-forma-de-un-%C3%A1ngel%E2%80%9D.

Goedder, Carlos. "Centenario de Teresa Carreño." Centro de Divulgación del Conocimiento Económico para la Libertad de Venezuela. http://cedice.org.ve/centenario-de-teresa-carreno-por-carlos -goedder/.

Gutiérrez, Jesús Eloy. *La página de Teresa* (blog). https://lapaginadeteresa.blogspot.com/.

"Idealism in Music Study: An Interview Secured Expressly for *The Etude* with Noted Piano Virtuoso Mme. Teresa Carreño." *The Etude*, June 1917. https://digitalcommons.gardner-webb.edu/cgi/viewcontent .cgi?article=1635&context=etude.

Kijas, Anna. *Documenting Teresa Carreño* (blog). https://documentingcarreno.org/resources.

Milinowski, Marta. *Teresa Carreño, "by the Grace of God."* Forgotten Books, 2018.

Murley, Katherine. "History Hunt: Teresa Carreño." *Katherine Murley's Music Studio Blog* (blog), August 28, 2015. https://kamurley.wordpress.com/2015/08/28/history-hunt-teresa-carreno/.

Rojo, Violeta. "Teresa Carreño. Una Biografía Autoreferencial." Universidad Simón Bolívar División de Ciencias Sociales y Humanidades, Departamento de Lengua y Literatura, September 2006. https://studylib .es/doc/5873949/teresa-carre%C3%B1o-una-biograf%C3%ADa-autorreferencial.

"Teresa Carreño Plays Chopin Ballade No. 1 in G Minor Op. 23." Posted by gullivior, October 8, 2010. YouTube video, 8:18. https://www.youtube.com/watch?v=_SCoheEblpo.

Wilson, G. Mark. "Teresa Carreño—Observations in Piano Playing." *The Etude*, February 1914. https:// etudemagazine.com/etude/1914/02/teresa-carreno---observations-in-piano-playing.html.

Zelia Nuttall

Adams, Amanda. *Ladies of the Field: Early Women Archaeologists and Their Search for Adventure*. Vancouver: Greystone Books, 2010.

Diderich, Peter. "Assessing Ross Parmenter's Unpublished Biography about Zelia Nuttall and the Recovery of Mexico's Past." Newsletter of the History of Archaeology Interest Group, Society for American Archaeology 3, no. 3 and 4 (January 2013). https://www.saa.org/Portals/0/SAA/ABOUTSAA/interestgroups /haig/SAA%20HAIG%20newsletter_v3_no3.pdf.

Nuttall, Zelia. "The Terracotta Heads of Teotihuacan." *The American Journal of Archaeology and of the History of the Fine Arts* 2 (April 1, 1886). https://archive.org/stream/jstor-495843/495843#page/n1 /mode/2up.

Tozzer, Alfred M. "Zelia Nuttall Obituary." *American Anthropologist* (July–September 1933). http://www
    .americanethnography.com/article.php?id=40.

Valiant, Seonaid. *Ornamental Nationalism: Archaeology and Antiquities in Mexico, 1876–1911.* Brill, n.d.

Yount, Lisa. *A to Z of Women in Science and Math.* New York: Facts on File, 2007.

Antonia Navarro

Cañas Dinarte, Carlos. "Ella es la primera mujer universitaria de Centroamérica." *Noticias de El Salvador,*
    September 21, 2018. www.elsalvador.com/entretenimiento/cultura/520777/ella-es-la-primera-mujer
    -universitaria-de-centroamerica.

———. "La primera abogada de El Salvador." Diario El Mundo, April 1, 2019. https://elmundo.sv/la-primera
    -abogada-de-el-salvador.

Hernández, Rosarlin. "Antonia Navarro, la mujer del presente." *Séptimo Sentido,* March 19, 2017. https://7s
    .laprensagrafica.com/antonia-navarro-la-mujer-del-presente.

Ligia. "Antonia Navarro, la primera mujer en obtener un título universitario en El Salvador." *Qué Joder*
    (blog), December 16, 2018. https://quejoder.wordpress.com/2018/12/16/antonia-navarro-la-primera
    -mujer-en-obtener-un-titulo-universitario-en-el-salvador.

Wollants, Mirella. "¿Sabemos realmente qué es educación?" *Elsalvador.com,* December 22, 2018. https://
    historico.eldiariodehoy.com/historico-edh/100992/sabemos-realmente-que-es-educacion.html.

Matilde Hidalgo

Benítez Correa, Carmen Delia. "Matilde hidalgo, la mujer que creyó en los derechos de las mujeres."
    In *Locas: escritoras y personajes femeninos cuestionando las normas,* pp. 131–44. Arcibel, 2015.
    https://idus.us.es/xmlui/bitstream/handle/11441/54699/Pages%20from%20libro%20locas-5.pdf
    ?sequence=1&isAllowed=y.

Clark, A. Kim. *Gender, State, and Medicine in Highland Ecuador: Modernizing Women, Modernizing the
    State, 1895–1950.* University of Pittsburgh Press, 2012.

Estrada Ruíz, Jenny. *Una mujer total: Matilde Hidalgo de Procel.* La Cemento Nacional, 1997.

"Matilde Hidalgo abrió las puertas de una sociedad equitativa en Ecuador." Ministerio de Salud Pública de
    Ecuador. www.salud.gob.ec/matilde-hidalgo-abrio-las-puertas-de-una-sociedad-equitativa-en-ecuador/.

"Matilde Hidalgo de Procel." Octubre Noviolento. https://noviolento.wordpress.com/personajes
    -de-la-noviolencia/matilde-hidalgo-de-procel-2/.

Gabriela Mistral

"About Gabriela Mistral." Gabriela Mistral Foundation. www.gabrielamistralfoundation.org/web/index
    .php?option=com_content&task=view&id=9&Itemid=15.

"Biografía y 15 poemas de Gabriela Mistral." Archivo Chile, Centro de Estudios Miguel Enriquez. www
    .archivochile.com/Cultura_Arte_Educacion/gm/d/gmde0004.pdf.

Daydí-Tolson, Santiago. "Gabriela Mistral." Poetry Foundation. www.poetryfoundation.org/poets/gabriela -mistral.

"Documental 'Volveré Olvidada o Amada . . . Tal como Dios Me Hizo' (2014) | Museo Gabriela Mistral." Posted by Gabriela Mistral Vicuña, January 9, 2018. YouTube video, 51:21. https://www.youtube.com /watch?v=OXx6ZsvdhFM.

Figueroa, Lorena. "Tierra, indio, mujer: Pensamiento social de Gabriela Mistral / Lorena Figueroa, Keiko Silva, Patricia Vargas." Biblioteca Virtual Miguel de Cervantes. www.cervantesvirtual.com /obra-visor/tierra-indio-mujer-pensamiento-social-de-gabriela-mistral--0/html/ff1be9f4-82b1-11df -acc7-002185ce6064_40.html#l_1_.

"Gabriela Mistral." EcuRed. www.ecured.cu/Gabriela_Mistral.

García-Gorena, Velma, ed. and trans. *Gabriela Mistral's Letters to Doris Dana*. University of New Mexico Press, 2018.

"Historias de vida—Gabriela Mistral." Posted by Raridades, January 17, 2017. YouTube video, 26:43. https:// www.youtube.com/watch?v=cMAj7taYn4s.

"Lea la última entrevista que Doris Dana concedió a Revista El Sábado en 2002." *Emol*, January 9, 2007. www.emol.com/noticias/magazine/2007/01/09/241650/lea-la-ultima-entrevista-que-doris-dana-concedio -a-revista-el-sabado-en-2002.html.

Mora, Carmen. "Mistral y las vanguardias." Centro Virtual Cervantes. https://cvc.cervantes.es/literatura /escritores/mistral/acerca/acerca_02.htm.

Sepúlveda Vásquez, Carola. "Gabriela Mistral: tácticas de una maestra viajera." *Revista Colombiana de Educación* 61 (February 13, 2011): 281–97. https://doi.org/10.17227/01203916.864.

Juana de Ibarbourou

Fischer, Diego. *Al encuentro de las Tres Marías: Juana de Ibarbourou más allá del mito*. Aguilar, 2008.

Garrido, Lorena. "Storni, Mistral, Ibarbourou: encuentros en la creación de una poética feminista." *Documentos Lingüísticos y Literarios* 28 (2005): 34–39. www.humanidades.uach.cl/documentos_linguisticos /document.php?id=90.

Ibarbourou, Juana de. "Autobiografía lírica parte 2" [audio recording]. Urumelb. http://urumelb.tripod .com/juana/audio-pags/juana-de-ibarbourou-autobiografia-lirica-parte-2.htm.

———. *Chico Carlo*. 1944; reprint, Arca, 2000.

"Juana de Ibarbourou, la poetisa más importante de Iberoamérica." Notimerica.com, July 15, 2017. www.notim erica.com/sociedad/noticia-juana-ibarbourou-poetisa-mas-importante-iberoamerica-20170715081341 .html.

"Juana de Ibarbourou: Menú e poemas sin audio." Urumelb. http://urumelb.tripod.com/juana/menu.htm.

Marting, Diane E., ed. *Spanish American Women Writers: A Bio-Bibliographical Source Book*. Greenwood Press, 1990.

Pickenhayn, Jorge Oscar. *Vida y obra de Juana de Ibarbourou*. Plus Ultra, 1980.

Reyes, Alfonso, and Juana de Ibarbourou. *Grito de auxilio: correspondencia entre Alfonso Reyes y Juana de Ibarbourou*. El Colegio Nacional, 2001.

Romiti Vinelli, Elena. "Juana de Ibarbourou y la autoficción." *Revista de la Biblioteca Nacional* 3, no. 4/5 (2011): 215–29. http://bibliotecadigital.bibna.gub.uy:8080/jspui/bitstream/123456789/31913/1/Juana _de_Ibarbourou_y_la_autoficcion.pdf.

Pura Belpré

Hernández-Delgado, Julio L. "Pura Teresa Belpré, Storyteller and Pioneer Puerto Rican Librarian." *The Library Quarterly: Information, Community, Policy* 62, no. 4 (October 1992): 425–440, www.jstor.org/stable/4308742.

Sánchez Gónzalez, Lisa, ed. *The Stories I Read to the Children: The Life and Writing of Pura Belpré, the Legendary Storyteller, Children's Author, and New York Public Librarian*. New York: Center for Puerto Rican Studies, 2013.

Ulaby, Neda. "How NYC's First Puerto Rican Librarian Brought Spanish to the Shelves." NPR, September 8, 2016. www.npr.org/2016/09/08/492957864/how-nycs-first-puerto-rican-librarian-brought-spanish-to -the-shelves.

Gumercinda Páez

Batista Guevara, Dania Betzy. *Gumersinda Páez: pensamiento y proyección*. Universidad de Panamá, 2011.

Bermúdez Valdés, Julio, and Berta Valencia Mosquera. *Gumersinda Páez*. Protagonistas del siglo XX pan- ameño. Ediciónes Debate, 2015. www.protagonistaspanamasigloxx.com/product/gumersinda-paez/.

Guardia, Mónica. "De maestra a constituyente por elección del pueblo." *La Estrella de Panamá*, January 13, 2019. www.laestrella.com.pa/nacional/190113/pueblo-maestra-eleccion-constituyente.

——. "Neira de Calvo y Gumercinda Páez: mujeres que apoyaron a otras mujeres." *La Estrella De Panamá*, January 6, 2019. http://laestrella.com.pa/panama/nacional/neira-calvo-gumercinda-paez-mujeres -apoyaron-otras-mujeres/24100534.

"Gumercinda Páez." Revolvy. www.revolvy.com/page/Gumercinda-P%C3%A1ez.

Páez, Gumercinda. "[Carta] 1950 ago. 9, Panamá [a] Gabriela Mistral, Jalapa, Vercruz, México [manuscrito]." BND: Archivo del Escritor. www.bibliotecanacionaldigital.gob.cl/bnd/623/w3-article-140553.html.

Frida Kahlo

Donnia. "Rare Pictures of Frida Kahlo's Childhood Taken by Her Father." *Fubiz Media*, 2016. www.fubiz.net /en/2016/02/27/rare-pictures-of-frida-kahlos-childhood-taken-by-her-father.

Herrera, Hayden. *Frida: A Biography of Frida Kahlo*. New York: HarperCollins, 2002.

Julia de Burgos

"Becoming Julia de Burgos: The Making of a Puerto Rican Icon." Posted by Center for Puerto Rican Studies- Centro, July 7, 2016. YouTube video, 1:07:11. https://www.youtube.com/watch?v=_WG46i7P8cY.

Burgos, Julia de. *Song of the Simple Truth.* Curbstone Press, 1997.

Burgos-Lafuente, Lena. "Yo, múltiple: las cartas de Julia de Burgos." Prologue to Julia de Burgos, *Cartas a Consuelo*. Folium, 2014. Via Academia.edu. www.academia.edu/29055390/_Yo_m%C3%BAltiple_Las _cartas_de_Julia_de_Burgos_Introducci%C3%B3n_de_Cartas_a_Consuelo_.

"Cronologia de Julia de Burgos." University of Puerto Rico Humacao. www.uprh.edu/JuliaDeBurgos /cronologia.html.

Echevarría, Norma. *Julia de Burgos: poeta migrante.* Bibliografía Mínima, 2017. www.arecibo.inter.edu /wp-content/uploads/biblioteca/pdf/julia_de_burgos_bibliografia_anotada_2016.pdf.

"Indice de Artículos Digitales: Julia de Burgos." Conuco: Índices de Puerto Rico. www.conucopr.org/Browse. do;jsessionid=542D73F0B6CFDD30BDC8306691B7672D?query=Julia+de+Burgos+%3A+el+vuelo+de +su+ave+fantas%C3%ADa+%2F+Grisselle+Merced+Hern%C3%A1ndez&scope=document_browse.

Martínez, Lizette. "Cartas a Consuelo: ventana al mundo íntimo de Julia de Burgos." Nuestro Rincón de Lectura, January 30, 2019. https://girlybooks.wordpress.com/2019/03/30/cartas-a-consuelo-ventana -al-mundo-intimo-de-julia-de-burgos/.

Mejía, Rosi. "Centenario en honor a Julia de Burgos." *Listin Diario*, September 6, 2013. https://listindiario .com/la-vida/2013/09/06/291101/centenario-en-honor-a-julia-de-burgos.

Olivares, Samuel Nemir. "Entrevista a María Consuelo Sáez Burgos («Cartas a Consuelo: historia inéd- ita de Julia de Burgos»)." *80 Grados*, March 13, 2015. www.80grados.net/entrevista-a-maria-consuelo -saez-burgos-cartas-a-consuelo-historia-inedita-de-julia-de-burgos/.

Puppo, María Lucía, and Alicia Salomone. "'Para entrar a una misma': la espacialización de la subjetividad en la poesía de Julia de Burgos." *Anclajes* 2, no. 3 (2017): 61–76. DOI: 10.19137/anclajes-2017-2135.

Rojas Osorio, Carlos. "Julia de Burgos: la imaginación poética del agua/Un enfoque desde la poética de Bachelard." *Ístmica* 21 (2018): 37–49. https://doi.org/10.15359/istmica.21.3.

Sáez Burgos, María Consuelo. "Julia y Consuelo: binomio de amor," *El Nuevo Día*, January 10, 2015, via PressReader. www.pressreader.com/puerto-rico/el-nuevo-dia1/20150110/282209419233413.

"Sobrina de Julia de Burgos en Festival de la Palabra NY." Posted by Samuel Nemir Olivares Bonilla, June 1, 2015. YouTube video, 6:22. https://www.youtube.com/watch?v=Nw5hFEESEEM.

"Untendered Eyes: Literary Politics of Julia de Burgos." *Centro: Journal of the Center for Puerto Rican Stud- ies* 26, no. 2 (Fall 2014) [special issue]. www.centropr-store.com/centro-journal-vol-xxvi-no-ii-fall-2014/.

"Viva . . . Julia de Burgos." *Primera Hora*, November 13, 2013. www.primerahora.com/videos/vivajuliade burgos-153469/.

Chavela Vargas

"Fallece a los 93 años Chavela Vargas." *El Mundo*, August 6, 2012. www.elmundo.es/elmundo/2012/08/05 /cultura/1344186255.html.

Gund, Catherine, and Daresha Kyi. *Chavela* [documentary film]. Aubin Pictures, 2017.

Mejía, Paula. "Shocking Omissions: The Astonishing Desolation of Chavela Vargas' 'La Llorona.'" NPR, September 4, 2017. www.npr.org/2017/09/04/548113616/shocking-omissions-chavela-vargas-s-la-llorona.

Tuckman, Jo. "Chavela Vargas Obituary." *The Guardian*, August 12, 2012. www.theguardian.com/music/2012/aug/12/chavela-vargas.

Vázquez Martín, Eduardo. "'Les dejo de herencia mi libertad': Entrevista con Chavela Vargas." *Letras Libres*, September 30, 2003. www.letraslibres.com/mexico-espana/les-dejo-herencia-mi-libertad-entrevista-chavela-vargas.

Alicia Alonso

Roca, Octavio. *Cuban Ballet*. Layton, Utah: Gibbs Smith, 2010.

Sanchez Martínez, Martha. "Cumple 97 años Alicia Alonso, la principal bailarina de la región y simbolo de la cultura Cubana." *Nodal*, December 22, 2017. https://www.nodal.am/2017/12/cumple-97-anos-alicia-alonso-la-principal-bailarina-la-region-simbolo-la-cultura-cubana.

teleSUR tv. "Entrevista Especial: Alicia Alonso." December 22, 2016. YouTube video, 25:38. https://www.youtube.com/watch?v=nE2u6XCg_8s&t=2s.

Victoria Santa Cruz

Batalla, Carlos. "Victoria Santa Cruz, la cultura negra hecha mujer." *El Comercio Peru*, October 26, 2012. https://elcomercio.pe/blog/huellasdigitales/2012/10/victoria-santa-cruz-la-cultura.

Bizcel, Dorota. "Victoria Santa Cruz." Hammer Museum, UCLA, n.d. https://hammer.ucla.edu/radical-women/artists/victoria-santa-cruz.

Escobar, Irupé. "Victoria Santa Cruz, la voz de la mujer negra peruana." *La Izquierda Diario*, November 28, 2015. www.laizquierdadiario.mx/Victoria-Santa-Cruz-la-voz-de-la-mujer-negra-peruana.

Ingenio Comunicaciones. "Documental Victoria Santa Cruz-Retratos Parte 1." April 7, 2015. YouTube video, 17:12. https://www.youtube.com/watch?v=Fx4ZiluO6gE.

———. "Documental Victoria Santa Cruz-Retratos Parte 3." April 8, 2014. YouTube video, 11:38. https://www.youtube.com/watch?v=oBRInWFPljo.

Jones, Marcus D., Mónica Carrillo, Victoria Santa Cruz, and Ana Martínez. "Una entrevista con Victoria Santa Cruz." *Callaloo* 34, no. 2 (2011): 518–522. www.jstor.org/stable/41243115.

"La función de la palabra: Victoria Santa Cruz 1." Interview by Marco Aurelio Denegri. Posted by max henry, September 10, 2009. YouTube video, 10:33. https://www.youtube.com/watch?v=TTmiQRsN-FY.

Santa Cruz, Victoria. "Me gritaron negra." Music MGP, April 12, 2016. YouTube video, 3:18. https://www.youtube.com/watch?v=cHr8DTNRZdg.

Santa Cruz Gamarra, Victoria. *Ritmo: el eterno organizador*. Lima, Peru: Ediciones Copé, 2004. https://kilthub.cmu.edu/articles/Ritmo_El_Eterno_Organizador/8321321.

Claribel Alegría

Alegría, Claribel; trans. David Draper Clark. "In Remembrance: The Sword of Poetry (1924–2018)." *World*

Literature Today, January 26, 2018. www.worldliteraturetoday.org/blog/news-and-events/sword-poetry
-claribel-alegria-1924-2018.

Flores y Ascencio, Daniel. "Claribel Alegría." *BOMB Magazine*, January 1, 2000. https://bombmagazine.org
/articles/claribel-alegr%C3%ADa/.

Forché, Carolyn. "Interview with Claribel Alegría." *Index on Censorship* 2 (1984): 11–13. https://journals
.sagepub.com/doi/pdf/10.1080/03064228408533691.

Genzlinger, Neil. "Claribel Alegría, 93, Poet for Central America's Voiceless, Dies." *New York Times*, February
6, 2018. www.nytimes.com/2018/02/06/obituaries/claribel-alegra-central-american-poet-dies.html.

Peralta, Salvador, and Gregory Fraser. "An Interview with Claribel Alegría." *Birmingham Poetry Review* 44
(2017). www.uab.edu/cas/englishpublications/images/documents/BPR/BPR_44/An_Interview_with
_Claribel_Alegria.pdf.

Smith, Harrison. "Claribel Alegria: Central American Poet Who Gave Voice to Struggles in Nicaragua and
El Salvador." *The Independent*, February 8, 2018. www.independent.co.uk/news/obituaries/claribel
-alegria-dead-death-dies-central-america-poet-nicaragua-el-salvador-voice-profile-bio-a8200401
.html.

teleSUR tv. "Fallece en Managua la poeta Claribel Alegría." January 26, 2018. YouTube video, 0:55. https://
www.youtube.com/watch?v=RnXR9WcKjCg.

Watchel, Chuck. "Escape and Tyrannicide: The Extraordinary Stories of Claribel Alegría." *The Nation*, February 5, 2018. www.thenation.com/article/escape-and-tyrannicide/.

Celia Cruz

Riesgo, Vicente, and Hugo Barroso Jr., dir. "Celia Cruz biografía musical." Posted by bauzat, January 23,
2014. YouTube video, 1:31:36. https://www.youtube.com/watch?v=Xila1ozVOKo.

Cruz, Celia, and Ana Cristina Reymundo. *Celia: Mi Vida* (Spanish Edition). New York: Rayo, 2005.

Debocaenboca co. "Celia por siempre." June 4, 2018. YouTube video, 9:17. https://www.youtube.com
/watch?v=uJiYkbU5vh8.

Diaz, GiGi. "Celia Cruz y sus secretos con Omer Pardillo." *Informate con GiGi*, July 28, 2013. YouTube video,
29:00. https://www.youtube.com/watch?v=K7Px21x9Fy4.

Fundación Ernesto McCausland. "Celia Cruz reflexiona sobre la vida." *Una crónica de Ernesto McCausland*,
September 7, 2012. YouTube video, 9:21. https://www.youtube.com/watch?v=EAi-ZxvR6-Y.

RITMO, SABOR Y ESTILO CARACAS. "Confidencias con Celia Cruz 1993." July 30, 2017. YouTube video, 38:00.
https://www.youtube.com/watch?v=zh19UFjWhV4.

Dolores Huerta

Beagle, Christine. "Siete Lenguas: The Rhetorical History of Dolores Huerta and the Rise of Chicana Rhetoric." Dissertation, University of New Mexico, Department of Language and Literature, February 1, 2016.
https://digitalrepository.unm.edu/engl_etds/34.

Bratt, Peter. *Dolores* [documentary film]. 5 Stick Films, 2017.
"Dolores Huerta Grateful for Scout Skills." *Bakersfield Californian*, March 29, 2009. www.bakersfield
    .com/entertainment/dolores-huerta-grateful-for-scout-skills/article_5d3ff1e5-5615-55eb-b9ee
    -36dcbf246286.html.
Duarte, Aida. "The Evolution of the Legendary Activist Dolores Huerta: A Look at Her Changing Views on
    Leadership and Feminism, 1970–2000s." Senior Thesis, Department of History, Barnard College, April
    20, 2016. https://history.barnard.edu/sites/default/files/inline-files/AidaDuarte_The Evolution of the
    Legendary Activist Dolores Huerta_2016.pdf .
Rose, Margaret E. "Dolores Huerta: Passionate Defender of La Causa." California Department of Educa-
    tion—Chavez Curriculum. http://chavez.cde.ca.gov/ModelCurriculum/Teachers/Lessons/Resources
    /Documents/Dolores_Huerta_Essay.pdf.

Rita Rosita Moreno
Moreno, Rita. Rita Moreno: *Memorias* (Spanish Edition). New York: Celebra, 2013.
———. Interview by Robert Sharp, *Uptown & Country*, Alabama Public Television, January 1981. YouTube
    video, 15:34. https://www.youtube.com/watch?v=xtrquCPagVs.

Maria Auxiliadora da Silva
Büll, Márcia Regina. "Artistas primitivos, ingênuos (naïfs), populares, contemporâneos, afro-brasileiros:
    Família Silva: um estudo sobre resistência cultural." Dissertation, Universidade Presbiteriana Macken-
    zie, August 29, 2007. http://tede.mackenzie.br/jspui/handle/tede/2696.
Oliva, Fernando, and Adriano Pedrosa, eds. *Maria Auxiliadora: Daily Life, Painting and Resistance*. MASP, 2018.

Mercedes Sosa
Christensen, Anette. *Mercedes Sosa: La Voz de la Esperanza*. Tribute2Life Publishers, 2018.
Rohter, Larry. "Mercedes Sosa: A Voice of Hope." *New York Times*, October 9, 1988. www.nytimes
    .com/1988/10/09/arts/mercedes-sosa-a-voice-of-hope.html.

Isabel Allende
Allende, Isabel. *Paula*. New York: Harper Perennial, 1995.
———. "Enamoured with Shakespeare." In *Shakespeare and Me: 38 Great Writers, Actors, and Directors on
    What the Bard Means to Them—and Us*, ed. Susannah Carson. London: Oneworld, 2014.
"Isabel Allende." Website. https://www.isabelallende.com.

Susana Torre
Feuerstein, Marcia. "An Interview with Susana Torre." *Reflective Practitioner* 2 (2002). www.susanatorre.net
    /wp-content/uploads/An-Interview-with-Susana.pdf.

Genevro, Rosalie, and Anne Rieselbach. "A Conversation with Susana Torre." The Architectural League of New York, 2013. https://archleague.org/article/susana-torre/.

Saleri, Nisha. "Feminism by Integrated Spaces in Built Environment." Issuu, February 2, 2018. https://issuu.com/nishatsaleri/docs/feminism_by_integrated_spaces_in_bu.

"Susana Torre." Website. www.susanatorre.net/.

"Susana Torre: Feminism and Architecture." Posted by The Architectural League, January 14, 2015. YouTube video, 48:27. https://www.youtube.com/watch?v=LNNLZgqlghs.

Torre, Susana. Personal communication [email].

Julia Alvarez

Alvarez, Julia. *How the Garcia Girls Lost Their Accents*. 1991; reprint, Algonquin Books, 2010.

———. *Something to Declare*. 1998; reprint, Algonquin Books, 2014.

Karczewska, Anna Maria. "The Mirabal Sisters and Their *Testimonio* in Julia Alvarez's *In the Time of the Butterflies*." *Crossroads: A Journal of English Studies* 14 (3/2016): 28–36. www.crossroads.uwb.edu.pl/wp-content/uploads/2017/10/crossroads14.pdf.

Stoddard, Fran. "Julia Alvarez." *Profile*, Season 1, Episode 117. PBS, February 18, 2002. www.pbs.org/video/profile-julia-alvarez/.

Sandra Cisneros

Cisneros, Sandra. *A House of My Own*. Knopf, 2015.

Padilla, Gerald. "Interview with Sandra Cisneros." *Latino Book Review*, October 1, 2018. www.latinobookreview.com/interview-with-sandra-cisneros--latino-book-review.html.

"Sandra Cisneros—Early Life." Posted by knopfgroup, March 5, 2009. YouTube video, 3:14. https://www.youtube.com/watch?v=4CuRcFkH9nU.

Sonia Sotomayor

Slen, Peter. "Interview with Justice Sonia Sotomayor." *Book TV*. C-SPAN, January 17, 2018. www.c-span.org/video/?453818-23/book-tv-interview-justice-sonia-sotomayor.

Sotomayor, Sonia. *My Beloved World*. Knopf, 2013.

National Portrait Gallery. "The Four Justices: Justice Sonia Sotomayor Interview—National Portrait Gallery." March 16, 2015. YouTube video, 5:38. https://www.youtube.com/watch?v=PDXrS5nnxsM.

Rigoberta Menchú Tum

Arias, Arturo. "After the Rigoberta Menchú Controversy: Lessons Learned about the Nature of Subalternity and the Specifics of the Indigenous Subject." *MLN* 117, no. 2 (March 2002): 481–505. www.jstor.org/stable/3251663.

Canal Once. "Historias de vida-Rigoberta Menchú." January 15, 2014. YouTube video. https://www.youtube.com/watch?v=xFzk5eLheP8.

Menchú, Rigoberta. *Me llamo Rigoberta Menchú y así me nació la conciencia*. Mexico: Siglo XXI, 1985.

Pontificia Universidad Católica del Ecuador. "Entrevista a Rigoberta Menchú, premio Nobel 1992." November 5, 2018. YouTube video, 12:39. https://www.youtube.com/watch?v=9zXg7c1gAiQ.

RT en Español. "Entrevista con Rigoberta Menchú, premio Nobel de la Paz." October 16, 2014. YouTube video, 28:28. https://www.youtube.com/watch?v=o2dWimUogwA.

Mercedes Doretti

Borrell, Brendan. "Forensic Anthropologist Uses DNA to Solve Real-Life Murder Mysteries in Latin America." *Scientific American*, October 8, 2012. www.scientificamerican.com/article/qa-forensic-anthropologist -mercedes-doretti/.

Doretti, Mercedes. Speech given at the launch of the AAAS Science and Human Rights Coalition. American Association for the Advancement of Science, January 14, 2009. www.aaas.org/programs /science-and-human-rights-coalition/mercedes-doretti.

Economist, The. "Tea with Mercedes Doretti." January 18, 2011. YouTube video, 8:45. https://www.youtube .com/watch?v=jDndRzEF9JY.

Lanchin, Mike. "Digging Up the Truth" [audio recording]. *Witness History*. BBC Sounds, December 5, 2016. www.bbc.co.uk/sounds/play/p04j54ry.

New School, The. "Mercedes Doretti | Commencement Speaker 2016." May 31, 2016. YouTube video, 5:18. https://www.youtube.com/watch?v=2FCNxFi699I.

Shannon, Jen, Chip Cowell, and Esteban Gómez. "How to Care for the Dead" [podcast]. *Sapiens*, November 20, 2018. www.sapiens.org/culture/why-do-we-bury-the-dead/.

Tipett, Krista. "Mercedes Doretti: Laying the Dead to Rest" [podcast]. *On Being*, March 19, 2009. https:// onbeing.org/programs/mercedes-doretti-laying-the-dead-to-rest/.

Sonia Solange Pierre

Barnard Center for Research on Women. "Sonia Pierre and the Struggle for Citizenship in the Dominican Republic." December 6, 2012. Video of panel discussion, 1:23:50. http://bcrw.barnard.edu/videos/sonia -pierre-and-the-struggle-for-citizenship-in-the-dominican-republic/.

Bénodin, Robert. "Participé en los movimientos estudiantiles en Villa Altagracia." *Diario Libre*, April 23, 2017. www.diariolibre.com/actualidad/participe-en-los-movimientos-estudiantiles-en-villa-altagracia -EKDL133043.

Chery, Dady. "Interviews of Sonia Pierre, in Memoriam | Entrevistas de Sonia Pierre, in Memoriam." *Haiti Chery* (blog), December 8, 2011. www.dadychery.org/2011/12/08/interviews-of-sonia-pierre-in-memoriam/.

Corcino, Panky. "Sonia Pierre: \'¡Estoy convencida de que lo que estoy haciendo no está mal!\.'" *América Latina En Movimiento*, April 16, 2017. www.alainet.org/es/active/16981.

"Expresan su solidaridad con Sonia Pierre." *Diario Digital RD*, April 22, 2007. https://diariodigital.com .do/2007/04/11/expresan-su-solidaridad-con-sonia-pierre.html.

Gamboa, Liliana, and Indira Goris. "Remembering Sonia Pierre, Human Rights Defender." Open Society Foundations: Voices, December 5, 2011. www.opensocietyfoundations.org/voices/remembering-sonia -pierre-human-rights-defender.

Jackson, Regine O. *Geographies of the Haitian Diaspora.* Routledge, 2011, pp. 69–70.

Kane, Gregory. "Sonia Pierre Has a Story For You." *AfricanAmerica.org* (blog), January 4, 2007. www.african america.org/topic/sonia-pierre-has-a-story-for-you.

Katz, Jonathan M. "What Happened When a Nation Erased Birthright Citizenship." *The Atlantic*, November 12, 2018. www.theatlantic.com/ideas/archive/2018/11/dominican-republic-erased-birthright-citizenship /575527/.

"La líder: Sonia Pierre." MUDHA. http://mudhaong.org/quienes-somos/la-lider-sonia-pierre/.

"MRG Expresses Condolences over the Death of Human Rights Activist Sonia Pierre" [press release]. Minority Rights Group, December 13, 2011. https://minorityrights.org/2011/12/13/mrg-expresses -condolences-over-the-death-of-human-rights-activist-sonia-pierre/.

Pierre, Sonia. "Depuración étnica en el Caribe." *El Nuevo Diario*, May 23, 2009. www.elnuevodiario.com.ni /opinion/48369-depuracion-etnica-caribe/.

Rojas, Lissette. "Sonia Pierre, una valiente que enfrentó las miserias materiales y espirituales." *Acento*, December 5, 2011. https://acento.com.do/2011/actualidad/9895-sonia-pierre-una-valiente-que -enfrento-las-miserias-materiales-y-espirituales/.

Rosario Adames, Fausto. "Sonia Pierre: 'El lazo que tengo con esta tierra es lo importante.'" *Acento*, De-cember 4, 2011. https://acento.com.do/2011/actualidad/9847-sonia-pierre-el-lazo-que-tengo-con-esta -tierra-es-lo-importante/.

Santos, Emmanuel. "Sonia Pierre's Struggle for Justice." *Socialist Worker*, January 1, 2007. http://socialist worker.org/2007-1/634/634_04_SoniaPierre.php.

Semple, Kirk. "Dominican Court's Ruling on Citizenship Stirs Emotions in New York." *New York Times*, October 18, 2013. www.nytimes.com/2013/10/18/nyregion/dominican-courts-ruling-on-citizenship -stirs-emotions-in-new-york.html.

"Sonia Pierre." *Periodismohumano.* https://periodismohumano.com/mujer/sonia-pierre.html.

"Sonia Pierre and Dominicans of Haitian Descent: 'We Are Being Erased as Human Beings.'" Latin America Working Group. www.lawg.org/sonia-pierre-and-dominicans-of-haitian-descent-we-are -being-erased-as-human-beings/.

"Sonia Pierre: 2006, Dominican Republic." Robert F. Kennedy Human Rights. https://rfkhumanrights.org /people/sonia-pierre.

"Sonia Pierre: entrevista." Posted by Casa de América, May 13, 2010. YouTube video, 5:31. https://www .youtube.com/watch?v=Hm-LFKR3HLY.

"Sonia Pierre to Receive International Women of Courage Award." *Repeating Islands*, March 6, 2010. https://repeatingislands.com/2010/03/06/sonia-pierre-to-receive-international-women-of-courage -award/.

Justa Canaviri

Aguirre, Liliana. "Justa Canaviri: 'El golpe en la cara se borra, pero el que te llega al alma no.'" *La Razón*, January 7, 2014. www.la-razon.com/tv-radio/Entrevista-Justa_Canaviri-golpe-borra-llega-alma_0_2157384356.html.

Avedaño, Alberto. "La valentía boliviana de 'La Justa' estuvo en DC." *El Tiempo Latino*, January 19, 2015. http://eltiempolatino.com/news/2015/aug/19/la-valentia-boliviana-de-la-justa-estuvo-en-dc/.

Colanzi, Liliana. "La rebelión de las cholas." *El País Semanal*, April 16, 2015. http://elpais.com/elpais/2015/04/10/eps/1428661748_198900.html.

de los Reyes, Ignacio. "La chef que revoluciona la televisión boliviana." BBC News Mundo, October 28, 2014. www.bbc.com/mundo/video_fotos/2014/10/141023_bolivia_chola_presentadora_television_amv.

García Recoaro, Nicolás. "Las cholas y su mundo de polleras." Cuadernos del Centro de Estudios en Diseño y Comunicación 47 (2014): 181–86. https://dialnet.unirioja.es/servlet/articulo?codigo=5232263.

"Justa Canaviri Choque." Television, Radio y Periodicos (blog), October 31, 2010. http://televisionenbolivia.blogspot.com/2010/10/justa-canaviri-choque.html.

"La elegida." La Maja Barata (blog), April 18, 2011. https://lamajabarata.blogspot.com/2011/04/memorias-del-pie-izquierdola-elegida.html.

"La Justa preparación de sajta paceña." Posted by victor marcelo gonzales, July 6, 2015. YouTube video, 5:55. https://www.youtube.com/watch?v=81_rfgVD_IM.

Soruco, Jorge. "Bochornos escolares inolvidables." La Razón, January 9, 2102. www.la-razon.com/suplementos/mia/Bochornos-escolares-inolvidables_0_1543645715.html.

Evelyn Miralles

Andrea González. "Andrea González presenta la historia de Evelyn Miralles para latinas de éxito en Univision34." July 28, 2018. YouTube video, 3:08. https://www.youtube.com/watch?v=2suhLy2vkM8.

Carson, Erin. "NASA Shows the World Its 20-Year Virtual Reality Experiment to Train Astronauts: The Inside Story." *TechRepublic*, September 17, 2015. https://www.techrepublic.com/article/nasa-shows-the-world-its-20-year-vr-experiment-to-train-astronauts.

CNET en Español. "Evelyn Miralles: Usando la realidad virtual para llevar astronautas al espacio." September 20, 2016. YouTube video, 3:17. https://www.youtube.com/watch?v=q5VjEluDeuo.

How to Create VR. "Podcast | E50 | How NASA Uses VR and AR for Training | Evelyn Miralles." February 5, 2019. YouTube video, 32:04. https://www.youtube.com/watch?v=wTF08j6ngA8.

ideaXme. "Evelyn Miralles, Visionary Innovator at NASA." April 15, 2018. YouTube video, 23:25. https://www.youtube.com/watch?v=fPXpBOQNUi8.

Selena Quintanilla

Early Show, The. "Interview with Selena's Family in 2002." CBS. Posted by Selena World, August 5, 2015. YouTube video, 5:04. https://www.youtube.com/watch?v=a-HlQN78Mdo.

Entertainment Tonight. "EXCLUSIVE: 'Selena' Turns 20! Her Family Reflects on Movie & Legacy: 'In My Mind She's Still Alive.'" March 21, 2017. YouTube video, 9:25. https://www.youtube.com/watch?v=VbR9iFwoXRA.

Latin Trends. "What You Didn't Know About Selena." May 1, 2020. https://latintrends.com/what-you-didnt-know-about-selena.

Mister Golightly. "Selena from 4 Years Old to 23 Years Old (1975–1995)." March 31, 2018. YouTube video, 24:05. https://www.youtube.com/watch?v=1-LFDzBvZhY.

National Museum of American History. "Selena Interview, 1994." September 14, 2017. YouTube video, 2:35. https://www.youtube.com/watch?v=cVN5akAeLo8.

Perez, Chris. *To Selena, with Love*. New York: Celebra, 2012.

"Selena en *Cristina* (part 1)." Posted by selenaripforeverpage. August 25, 2009. YouTube video, 9:09. https://www.youtube.com/watch?v=3Bi1GZMp3uk.

"Selena Interview When She Was a Kid." Posted by ereyes312. August 22, 2010. YouTube video, 1:27. https://www.youtube.com/watch?v=bDcsRcu8YpY.

Sutherland, William. "Selena Quintanilla Perez Biography." Selena Forever website. Accessed December 2, 2019. http://www.selenaforever.com/Selenamusic/selena_biography.html.

Berta Cáceres

Bell, Beverly. "¡Berta Lives! The Life and Legacy of Berta Cáceres." *Food First*, March 9, 2016. https://foodfirst.org/berta-lives-the-life-and-legacy-of-berta-caceres/.

"Berta Cáceres: Con Sus Propias Palabras." Posted by Skylight, September 22, 2016. YouTube video, 3:17. https://www.youtube.com/watch?v=dVKBYbZXCvg.

"Berta Cáceres, la indígena defensora de la naturaleza en Honduras." *Semana Sostenible*, September 16, 2015. https://sostenibilidad.semana.com/impacto/articulo/berta-caceres-desarrollo-como-sinonimo-vida/33854.

Fireside, Daniel. "In the Trenches with Berta Cáceres" *Medium*, April 25, 2016. https://medium.com/@dfireside/in-the-trenches-with-berta-caceres-587da232379e.

Goldman Environmental Prize. "Berta Cáceres Acceptance Speech, 2015 Goldman Prize Ceremony." April 22, 2015. YouTube video, 3:19. https://www.youtube.com/watch?v=AR1kwx8boms.

Hammer Museum. "Berta Vive: Berta Cáceres and the Fight for Indigenous Water Rights." October 29, 2018. YouTube video, 1:49:18. https://www.youtube.com/watch?v=W7kbg3W_n9Y.

Navarro, Santiago; Heriberto Paredes; and Aldo Santiago. "Berta Cáceres, una vida de lucha integral en Honduras." *SubVersiones*, March 4, 2016. https://subversiones.org/archivos/121776.

Pearce, Fred. "In Honduras, Defending Nature Is a Deadly Business." *Yale Environment 360*, February 28, 2017. https://e360.yale.edu/features/honduras-berta-caceres-murder-activists-environmentalists-at-risk.

Romero, Victoria. "Una historia valiente: Berta Cáceres." Amnistia Internacional Venezuela, February 28, 2018. www.amnistia.org/ve/blog/2018/02/5075/una-historia-valiente-berta-caceres.

Villacorta, Orus. "Las mil vidas de Berta Cáceres." *Revista Factum*, June 3, 2016. http://revistafactum.com
/berta-caceres/.

Serena Auñón

"Astronaut Friday: Serena Aunon-Chancellor." *Space Center Houston* (blog), August 10, 2018. https://space
center.org/astronaut-friday-serena-aunon-chancellor/.

Attanasio, Cedar. "NASA Latina Astronauts: Meet Serena M. Auñón and Ellen Ochoa, 'Reinas de STEM.'"
Latin Times, March 6, 2915. www.latintimes.com/nasa-latina-astronauts-meet-serena-m-aunon-and
-ellen-ochoa-reinas-de-stem-301203.

GW SEAS. "How Do I Become an Astronaut?" February 12, 2013. YouTube video, 57:14. https://www.youtube
.com/watch?v=ELwPSTBlCQM.

Puga, Kristina. "Innovator: Serena Auñón, Physician and Astronaut." NBC Latino, September 19, 2013. http://
nbclatino.com/2013/09/19/innovator-serena-aunon-physician-and-astronaut/.

Thompson, Andrea. "Medicine in Space: What Microgravity Can Tell Us about Human Health." *Scientific
American*, August 7, 2019. www.scientificamerican.com/article/medicine-in-space-what-microgravity
-can-tell-us-about-human-health/.

Wanda Díaz-Merced

Díaz-Merced, Wanda. "The Sounds of Science." Institute of Physics, June 2011. www.iop.org/careers/workinglife
/articles/page_51170.html.

———. "Making Astronomy Accessible for the Visually Impaired." *Scientific American*, September 22, 2014.
https://blogs.scientificamerican.com/voices/making-astronomy-accessible-for-the-visually-impaired/.

Hendrix, Susan. "Summer Intern from Puerto Rico Has Sunny Perspective." NASA, April 28, 2011. www.nasa
.gov/centers/goddard/about/people/Wanda_Diaz-Merced.html.

"How Can We Hear the Stars?" *TED Radio Hour.* NPR, January 19, 2017. www.npr.org/2017/01/20/510612425
/how-can-we-hear-the-stars.

Koren, Marina. "How Blind Astronomers Will Observe the Solar Eclipse." *The Atlantic*, August 5, 2017. www
.theatlantic.com/science/archive/2017/08/experiencing-eclipses-without-seeing/535551/.

Simón, Yara. "This Blind Boricua Astrophysicist Pioneered a Revolutionary Way to Study Stars Through
Sound." *Remezcla*, August 25, 2016. https://remezcla.com/features/culture/puerto-rican-astrophysicist
-stars-sound/.

TED. "How a Blind Astronomer Found a Way to Hear the Stars | Wanda Diaz Merced." July 13, 2016. YouTube
video, 11:15. https://www.youtube.com/watch?v=-hY9QSdaReY.

"This Blind Astrophysicist 'Sees' the Universe in the Most Amazing Way." *National Geographic*/Emic Films,
September 21, 2017. www.nationalgeographic.com/video/shorts/1049215555588/.

"Wanda Díaz, la astrofísica ciega que descubre los secretos del universo escuchando las estrellas." BBC
Mundo Ciencia, June 21, 2017. www.bbc.com/mundo/noticias-40357876.

Marta Vieira da Silva

Cavalheiro, Gabriela. "Marta—The Interview," *FutebolCidade* (blog), May 5, 2015. http://futebolcidade .com/marta-the-interview/.

Jardim, Claudia. "A Woman's Game: Marta Vieira da Silva" [video]. Al Jazeera, June 24, 2018. www.aljazeera .com/indepth/features/woman-game-marta-vieira-da-silva-180624110229451.html.

"Marta—Orlando Pride and Brazil—BBC Interview for Women's Award." Posted by Giles Goford, May 12, 2017. YouTube video, 3:03. https://www.youtube.com/watch?v=mZZDbeG1oIo.

Alexandria Ocasio-Cortez

Alter, Charlotte. "'Change Is Closer Than We Think.' Inside Alexandria Ocasio-Cortez's Unlikely Rise." *Time*, March 21, 2019. https://time.com/longform/alexandria-ocasio-cortez-profile/.

Griffith, Keith. "'Girl from the Bronx' Alexandria Ocasio-Cortez, Who Beat High-Ranking Democrat Joe Crowley, Faces Questions over Her 'Working Class' Background after It Is Revealed She Grew Up in a Wealthy Suburb North of New York City." *Daily Mail*, July 2, 2018. www.dailymail.co.uk/news/article -5905247/Girl-Bronx-Alexandria-Ocasio-Cortez-actually-grew-wealthy-Westchester-County.html.

Lears, Rachel. *Knock Down the House* [documentary film]. Jubilee Films, 2019.

Ma, Alexander, and Eliza Relman. "Meet Alexandria Ocasio-Cortez, the Millennial, Socialist Political Novice Who's Now the Youngest Woman Ever Elected to Congress." *Business Insider*, January 8, 2019. www .businessinsider.com/all-about-alexandria-ocasio-cortez-who-beat-crowley-in-ny-dem-primary-2018-6.

Relman, Eliza. "The Truth about Alexandria Ocasio-Cortez: The Inside Story of How, in Just One Year, Sandy the Bartender Became a Lawmaker Who Triggers Both Parties." *Insider*, January 6, 2019. www.insider .com/alexandria-ocasio-cortez-biography-2019-1.

Shaw, Michael. "The Visual Power of Alexandria Ocasio-Cortez." *Columbia Journalism Review*, April 22, 2019. www.cjr.org/analysis/alexandria-ocasio-cortez-aoc.php.

Wang, Vivian. "Alexandria Ocasio-Cortez: A 28-Year-Old Democratic Giant Slayer." *New York Times*, June 27, 2018. www.nytimes.com/2018/06/27/nyregion/alexandria-ocasio-cortez.html.

Laurie Hernandez

Bruner, Raisa. "Laurie Hernandez and Her Dancing with the Stars Partner Have the Sickest Secret Handshake." *Time*, September 1, 2016. https://time.com/4476393/laurie-hernandez-dancing-with-the -stars-video/.

BUILD Series. "Laurie Hernandez Drops By to Talk About JCPenney's Obsess Clothing Line." April 12, 2018. YouTube video, 25:13. https://www.youtube.com/watch?v=sn_nSnY1L44.

BUILD Series. "Laurie Hernandez Talks Her Children's Book, 'She's Got This.'" October 11, 2018. YouTube video, 16:40. https://www.youtube.com/watch?v=REYGLFlBPFc.

Echegaray, Luis Miguel. "Laurie Hernandez: The US Latina Gymnast with Dreams of Olympic Glory." *The*

Guardian, July 8, 2016. https://www.theguardian.com/sport/2016/jul/08/laurie-hernandez-usa-olympic-gymnastics-trials.

Gomez, Patrick. "Laurie Hernandez Admits She Missed Out on Childhood for Gymnastics—but Doesn't Regret Her Choice." *People*, January 19, 2017. https://people.com/celebrity/laurie-hernandez-childhood-gymnastics-no-regrets/.

Hernandez, Laurie. *I Got This: To Gold and Beyond*. New York: HarperCollins, 2017.

———. *She's Got This*. Illustrated by Nina Mata. New York: HarperCollins, 2018.

Insider, The. "Family Confidential: Laurie Hernandez and Her Parents Definitely 'Got This.'" January 25, 2017. YouTube video, 2:07. https://www.youtube.com/watch?v=WtPwfpSLsT4.

Larson, Greg. "For the Hernandez Family, Raising a Balanced Daughter Was Primary––Laurie's Olympic Career Is Just a Bonus." US Glove, November 21, 2019. https://www.usglove.com/blogs/news/laurie-hernandez-family.

Self. "Olympic Gymnast Laurie Hernandez on How Her Mother's Support Helped Her Win Gold." May 11, 2017. YouTube video, 2:03. https://www.youtube.com/watch?v=jdjmsOBKnFE.]

General References on Latinx Identity

Comas-Díaz, Lillian. "Hispanics, Latinos, or Americanos: The Evolution of Identity." *Cultural Diversity and Ethnic Minority Psychology* 7, no. 2 (2001): 115–120. https://doi.org/10.1037/1099-9809.7.2.115.

Vega, Karrieann Soto, and Chávez, Karma R. "Latinx Rhetoric and Intersectionality in Racial Rhetorical Criticism." *Communication and Critical/Cultural Studies* 15, no. 4 (2018): 319–325. https://doi.org/10.1080/14791420.2018.1533642.

Fuentes de las citas

Policarpa Salavarrieta
"Ved que, aunque mujer y joven...": Molano, *Una y mil muertes*.

Teresa Carreño
"¡No! ¡Soy Teresita Primera!": Milinowsky, *Teresa Carreño* (traducción libre)

Gabriela Mistral
"Este premio pertenece a mi patria": discurso de Gabriela Mistral al aceptar el Premio Nobel (traducción libre)

Juana de Ibarbourou
"Iremos por los campos, de la mano": Juana de Ibarbourou, "Vida aldeana", de *Las lenguas de diamante*

Julia de Burgos
"Le estoy rizando la cabellera al campo": Olivares, "Entrevista a María Consuelo Sáez Burgos"

Chavela Vargas
"Me voy con México en el corazón": *El Mundo*, "Fallece a los 93 años Chavela Vargas"

Victoria Santa Cruz

"Si esa negrita juega, yo me voy": *Documental Victoria Santa Cruz-Retratos Parte 1*

"Porque, al final…": *Documental Victoria Santa Cruz-Retratos Parte 1*

Claribel Alegría

"¡Eso no está bien!": Peralta y Fraser, *Birmingham Poetry Review* (traducción libre)

"Tienes el don de la palabra": Alegría, "In Remembrance" (traducción libre)

"Cada vez que los menciono…": "Every Time" de Claribel Alegría (traducción libre)

Dolores Huerta

"¡Sí se puede!": frase que es marca registrada de UFW, https://doloreshuerta.org/faqs/

Maria Auxiliadora da Silva

"I am an artist": Olivia and Pedrosa, *Maria Auxiliadora*

Julia Alvarez

"¡Una torera!" Alvarez, *Something to Declare* (traducción libre)

Justa Canaviri

"Mamitas y papitos": Justa Canaviri, saludo en su programa de televisión

Selena Quintanilla

"Ay, ay, ay, cómo me duele": Selena, "Como la flor"

Berta Cáceres

"¡Despertemos! ¡Ya no hay tiempo!": Cáceres, discurso de aceptación del premio Goldman

"Somos los custodios…": paráfrasis del discurso de Berta Cáceres de aceptación del premio Goldman

Serena Auñon

"¿Sabes? ¡La NASA siempre necesita ingenieros!": GW SEAS, "How Do I Become an Astronaut?" (traducción libre)

Wanda Díaz-Merced

"La ciencia es para todos…": TED, "How a Blind Astronomer" (traducción libre)

Wanda Díaz-Merced

"La ciencia es para todos…": TED, "How a Blind Astronomer" (traducción libre)

Alexandria Ocasio-Cortez

"¿Sabes? Todo esto es nuestro…": Lears, *Knock Down the House* (traducción libre)

"tu código postal ya no determine tu destino": Alter, *Time* (traducción libre)

Lauren Zoe Hernandez

"¡Puedo hacerlo!": Hernandez, declaración en los Olímpicos de verano de 2016 y título de su libro (traducción libre)

Los otros diálogos y citas que no aparecen en esta lista están basados en materiales que consulté, pero no son hechos históricos.

HAITÍ

URUGUAY

CUBA

BRASIL

NICARAGUA

ESTADOS UNIDOS

HONDURAS

BOLIVIA